미국 대학교 입시 전략

미국 대학교 입시 전략
Johns Hopkins 대학생의 생생한 고등학교 생활과
경험을 담은 비법노트

초판 1쇄 발행 2024년 12월 05일

지은이 정은경 · 김지오
펴낸이 장현수
펴낸곳 메이킹북스
출판등록 제 2019-000010호

디자인 윤목화
편집 윤목화
교정 안지은
마케팅 김소형

주소 서울특별시 구로구 경인로 661, 핀포인트타워 912-914호
전화 02-2135-5086
팩스 02-2135-5087
이메일 making_books@naver.com
홈페이지 www.makingbooks.co.kr

ISBN
979-11-6791-634-1 (03370)
값 22,000원

ⓒ 정은경 · 김지오 2024 Printed in Korea

잘못된 책은 구입하신 곳에서 바꾸어 드립니다.
이 책의 전부 또는 일부 내용을 재사용하려면 사전에 저작권자와 펴낸곳의 동의를 받아야 합니다.

메이킹북스는 저자님의 소중한 투고 원고를 기다립니다.
출간에 대한 관심이 있으신 분은 making_books@naver.com로 보내 주세요.

U.S. College
미국 대학교 입시 전략

Johns Hopkins 대학생의 생생한
고등학교 생활과 경험을 담은 비법노트

- 입시의 판도를 바꿀 '숨은 전략' 공개!
- SAT/ACT 완전정복
- 대학에서 가장 중요하게 보는
  '나'만의 스토리 만들기
- '에세이'로 입학사정관의 심장 흔들기

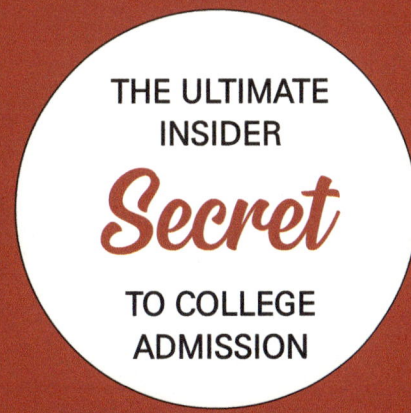

THE ULTIMATE INSIDER
Secret
TO COLLEGE ADMISSION

정은경, Capstone Edu 대표
김지오, Johns Hopkins University 학생

메이킹북스

머리말

최근 미국 대학 입시 트렌드에는 몇 가지 중요한 변화가 있습니다.

먼저, 미국 대학 입시에서 테스트 옵셔널(Test-optional) 정책이 확산되고 있습니다. COVID-19 팬데믹 이후 많은 대학들이 SAT나 ACT 점수를 제출하지 않아도 지원할 수 있도록 정책을 바꾸었고, 현재도 대부분의 대학은 테스트를 선택 사항으로 두고 있습니다. 실제로, Common App을 사용하는 대학의 약 4%만이 SAT나 ACT 점수를 필수로 요구하고 있습니다.

그럼에도 불구하고, 일부 상위권 대학이나 특정 학과에서는 여전히 좋은 시험 점수가 경쟁력을 높일 수 있다는 의견이 많습니다. 비록 테스트 옵셔널이 대세로 자리 잡았지만, 일부 프로그램이나 전공에서는 높은 시험 성적을 기대하고 있습니다. 따라서 학생들은 학교마다 다르게 요구하는 사항을 잘 확인해야겠습니다.

둘째, Holistic Review(홀리스틱 리뷰. 전체적인 평가방식)의 중요성이 더욱 커지고 있습니다. GPA와 시험 점수는 여전히 중요한 요소로 간주되지만, 대학 입학사정관들은 이제 학생의 학업적 성취를 넘어, 전체적인 역량과 잠재력을 보여주는 다양한 특성에 주목하고 있습니다. 이는 학생들이 단순히 성적 중심의 경쟁에 머무르지 않고, 학문적 깊이와 개인적 성장을 입증할 수 있는 기회를 제공합니다.

특히, Extracurricular Activities(교과 외 활동)의 깊이와 일관성이 강조되고 있습니다. 학생들이 다수의 활동에 단순히 참여하는 것보다는, 몇 가지 핵심 활동에 깊이 있게 몰두하고 지속적인 헌신과 리더십을 발휘한 사례가 더욱 중요하게 평가됩니다. 예를 들어, 봉사활동을 몇 시간 단위로 나열하는 대신, 특정 커뮤니티 문제를 해결하기 위해 오랜 기간 헌신하거나, 관심 분야의 클럽에서 리더로서 의미 있는 변화를 주도한 경험이 더 높은 평가를 받습니다. 이는 학생이 자신의 관심 분야에 대해 진지하게 탐구하고, 이를 통해 세상에 긍정적인 영향을 미칠 가능성을 보여주는 중요한 지표로 작용하기 때문입니다.

또한, 에세이와 추천서는 학생이 자신의 독창성과 개성을 입학사정관에게 효과적으로 전달할 수 있는 도구로 중요성이 더욱 부각되고 있습니다. 에세이를 통해 학생들은 자신의 성장 과정, 도전 극복 경험, 그리고 학문적·개인적 열정을 스토리로 풀어내며, 추천서를 통해 교사나 멘토는 학생의 성품과 역량을 구체적으로 증명합니다.

결과적으로, 홀리스틱 평가 방식은 단순히 점수 경쟁을 넘어 학생의 다양한 역량과 가능성을 종합적으로 평가하는 방식으로 변화하고 있으며, 이로 인해 학생들은 자신만의 스토리와 열정을 입증할 수 있는 더 많은 기회를 가지게 되었습니다.

마지막으로, 인공지능(AI)의 활용이 증가하고 있습니다. 대학에서는 AI를 사용해 학생들의 지원서를 초기 평가하는 작업을 자동화하고 있으며, 일부 대학은 지원서의 데이터 분석을 통해 지원자의 프로필을 점수화하는 방식으로 운영되고 있습니다. 반면, 학생들이 Personal Statement나 Supplemental Essay를 작성할 때 AI를 활용하는 사례가 증가하면서, 입학사정관들은 학생들의 진정성을 더욱 중요하게 보고 있습니다. AI가 에세이 초안 작성을 돕는 도구로 활용될 수는 있지만, 결코 학생들의 독창성과 개성을 반영한 최종 결과물을 대체할 수 없습니다. 대학들은 AI가 작성한 지원서를 감지하기 위한 기술을 도입하거나, 에세이의 구체적인 내용을 요구함으로써 학생들의 진정성을 확인하려는 노력을 기울이고 있습니다.

이러한 변화는 대학 입시 준비 과정에서 학생들이 더욱 전략적이고 체계적으로 접근할 필요성이 있음을 시사합니다. 이 책은 변화하는 입시 환경 속에서 학생들이 자신의 강점과 잠재력을 명확히 드러내고, 이를 입학사정관들에게 입체적이고 설득력 있게 전달할 수 있도록 실질적인 지침을 제공하고자 합니다.

목차

머리말

존스 홉킨스 입학사정관의 실제 코멘트 _12

Part 1.

나에게 딱 맞는 고등학교 선택하기

1. 미국의 고등학교 종류 _18
2. 마그넷 스쿨과 스페셜라이즈드 스쿨: 어떤 가치가 있을까? _21
3. 학교와 활동 사이에서 균형 잡는 법 _25
4. 미국 유학, 언제가 적기일까? _29
5. 수업 참여도가 내신에 포함된다? _31
6. 미들부터 시작되는 입시 준비: 시기별 로드맵 _33
7. 하이에서 완성되는 승리 전략: 학년별 로드맵 _39

Part 2.

미국 입시 파헤치기

1. Holistic Review란 무엇인가: 육각형 인재 찾기 _52
2. 한눈에 보는 미국 대학 입시 전형의 종류 _54
3. 왜 GPA가 중요할까? _59
4. 미국 입시에서 GPA는 어떻게 계산될까? _66
5. 대학 랭킹을 맹신하면 안 되는 이유 _68
6. Demonstrated Interest (대학에 관심 표현)의 중요성 _71
7. International Student(국제학생)가 입시에 불리한 이유 _74
8. 대학에 대해 정밀 조사하는 방법 _78
9. 실전 입시 타임라인 _81

Part 3.

학업은 기본

1. Advanced Placement(AP):
   고등학교에서 대학교 수준 수업 듣기 _88
2. International Baccalaureate(IB):
   국제적 학문의 성취 _92
3. Honors와 Regular 중 어떤 수업을 들어야 할지
   고민이 된다면 _97
4. Dual Enrollment:
   대학교에서 수업 듣고 학점 인정받기 _100
5. 코스 커리큘럼 짜기 전략과 꿀팁들 _101
6. 낮은 Grade를 설명하는 방법 _104

Part 4.

대외활동: 나에게 딱 맞는 활동 찾기

1. STEM을 전공한다면: 리서치부터 봉사까지 _108
2. Social Science를 전공한다면:
   논리적 사고를 강조하는 방법 _116
3. Business를 전공한다면:
   경쟁력을 높이는 교실 밖 활동들 _121
4. 고등학생이 인턴십 찾는 노하우 _126
5. 봉사활동으로 커뮤니티에 영향력을! _130
6. 입학사정관이 보는 Work Experience _134
7. 나의 여름 연구 인턴십 경험 _137

Part 5.

Standar-dized Tests

1. SAT와 ACT 중 어떤 걸 준비해야 할까? _142
2. 언제부터 어떻게 준비해야 할까? _144
3. SAT/ACT에서 _ 점을 받았어요. 다시 봐야 할까요? _145
4. GPA와 표준화 시험 점수는 어떻게 함께 평가되는가 _147

Part 6.

원서의 꽃 에세이

1. 예일 입학사정관에게 듣는 〈강력한 에세이 작성법〉 _ 150
2. 반짝이는 "나"를 보여줄 Personal Statement _154
3. 강력한 훅으로 3초 만에 시선 사로잡기 _158
4. 꼭 나오는 질문 "Why This College?": 이 세 가지만 꼭 기억하세요 _159
5. 35 words로 "나"를 보여주는 Short Answer Questions _162
6. 주요 Supplemental 주제: Challenge and Growth _165

Part 7.

전략적인 학교 선정

1. 미국 대학 입학 사정의 비밀: CDS로 파헤쳐 보기 _168
2. 나에게 맞는 학문적 환경 찾기 _177
3. Reach, Match, Safety 기준 정하기 _180
4. 나의 생활 스타일과 맞는 학교 찾기 _182

5. 학교 탐방의 또 다른 방법: 웨비나, Fly-in _184
6. 프리메드: 의학 대학원의 첫걸음 _188
7. BS/MD: 의학 대학원으로 가는 직행 열차 _192
8. Liberal Arts College
   (LAC. 리버럴 아츠 칼리지) _196

Part 8.
지원서 작성 실전 노하우

1. ED로 내 아이의 대학을 한 단계 업그레이드하기 _200
2. 커먼 앱(Common App)이란 무엇인가? _205
3. 커먼 앱 Activities Section:
   짧고 굵게 활동 설명하기 _206
4. 커먼 앱 Education Section:
   수상 내역은 여기에 _209
5. 나를 뒷받침해 줄 강력한 추천서
   (+선생님과 친해져야 하는 이유) _212
6. 성공하는 대학 인터뷰 준비하기 _216
7. NPC로 학비 예측해보기 _220
8. 재정 지원서:
   FAFSA/ CSS Profile/ IDOC _226

Part 9.
대학 결정

1. ED 후 Reject 혹은 Defer를 받았다면? _232
2. Waitlist(대기자 명단) 대처 방법 _234
3. 재정 지원: 어필 레터 작성법 _235
4. Admitted Student Day:
   시간과 여력이 된다면 꼭 가보자! _236
5. 학교 결정 후 Move-in Day까지
   준비해야 할 것들 _237

📌 Gio's Tip
존스홉킨스 입학사정관의
실제 코멘트

대학에 입학하면 자신의 원서 파일을 열람할 수 있습니다. 아래는 제가 존스홉킨스 대학에 제출한 원서에 대해 입학사정관이 실제 남긴 코멘트로, 여러분에게 활동의 중요성과 실제로 입학에 영향을 미치는 중요한 활동들이 무엇인지 알려드리기 위해 공유할게요.

제 애플리케이션 파일을 확인했을 때, 입학사정관은 제가 MSH(Medicine, Science, and the Humanities) 전공에 매우 잘 준비되어 있다고 평가했습니다. 실제로 제 수업들은 과학에 중점을 두고 있었고, 의학 관련 봉사와 연구 활동을 했으며, 또한 인문학 관련으로는 철학과 사회 정의에 관한 활동을 펼쳤어요. 이처럼 제 활동이 전공과 잘 맞아떨어졌기 때문에 입학사정관도 긍정적으로 평가한 것 같습니다.

저는 리서치를 세 개 했습니다. 첫 번째는 2년간 진행한 줄기세포와 청력 재생에 관한 연구였고, 그 결과를 포스터 발표로 심포지엄에서 발표했습니다. 두 번째는 AI와 Diversity, Equity, and Inclusion(다양성, 공평성, 포용성)에 관한 문헌 리뷰였으며, 세 번째는 산모의 약물 복용으로 인한 신생아 금단 증후군에 대한 사회적 낙인 위험성에 관한 연구였죠. 이 모든 연구는 제 전공 분야와 밀접하게 관련이 있고, 다양한 분야에서 리서치를 진행한 점도 입학사정관이 높게 평가한 부분이에요.

또한 추천서에서도 두 분의 선생님께서 저의 독립적인 학습 능력에 대해 크게 칭찬해 주셨어요. 이 짧은 코멘트에서 추천서가 중요한 부분으로 강조되었음을 알 수 있었고, 대학에서는 추천서를 매우 유심히 본다는 사실을 실감할 수 있었습니다. 수학 선생님과는 10학년 때부터 오랜 관계를 쌓아왔고, 추천서를 보내기 전에 저에게 먼저 보여주실 정도로 친밀한 관계였어요. 그래서 선생님이 저에 대해 좋은 말을 많이 써 주실 걸 알 수 있었죠.

University of Southern California에서는 제가 줄기세포 연구와 Global Health Internship에서 보여준 주도적인 연구와 주도적인 자세가 돋보였다고 평가했어요. 두 활동 모두 각각 2년과 3년 동안 진행한 중요한 프로젝트였고, 특히 Global Health Internship에서는 팀을 이끌며 나이지리아의 지역 사회 지도자들과 소통하며 문제를 해결한 경험이 강조되었습니다. 팀을 이끌고 프로젝트를 만들고, 현지 사람들과 소통하며 워크숍을 기획하고 실행하는 등 모든 과정에서 주도적인 역할을 했죠. 이런 점을 대학에서 높게 평가한 것입니다.

일도 열심히 했습니다. 학교를 다니면서 번역가로 주 10시간씩, 1년간 일했고, 방과 후 금요일 저녁에는 일식집에서 서버로도 근무했으며, 틈틈이 개인 과외도 진행했습니다. 대학들은 이렇게 실제 사회에 나가서 하는 일도 중요하게 보고, 학생의 신분으로 책임감 있게 일한 걸 높이 삽니다.

또한 학교에서는 여러 동아리 활동을 활발히 했어요. 해부학에 관심이 있어 해부학 클럽을 창립하고 회장을 맡아 여러 활동을 이끌었습니다. 해부학 관련 시뮬레이션, 의사 초청 강연 및 봉합 연습 등 다양한 활동을 기획하고 진행했어요. 또한, 다른 동아리에서도 9학년부터 꾸준히 활동해 왔고, 임원을 거쳐서 회장직을 맡았습니다.

제가 받은 입학 결정은 Committee Admit이었어요. 즉, 입학사정관 한 명이 아닌 여러 명의 입학사정관들이 모여서 저의 지원서를 심사하고 합격 여부를 논의한 결과, 저는 즉시 합격이 결정되었습니다. 이후 저는 이 학교에 입학을 commit하게 되었죠.

마지막으로, 입학사정관이 저를 'curiosity and love of learning' 한 학생으로 표현했어요. 배움에 대한 호기심과 사랑이 넘치는 학생이라는 뜻이죠. 그만큼 저는 학문에 대한 열정이 크고, 새로운 것을 배우는 데 끊임없이 도전하는 학생이라는 평가를 받았어요.

이렇듯 열정적으로 달려온 지난 4년의 여정 끝에 저는 존스 홉킨스에 입학하게 되었고, 이제 이곳에서 제 인생의 두 번째 챕터를 준비하고 있습니다. 제 후배들 또한 각자의 목표를 향해 도전하고 꿈을 이루길 바라며, 그 여정에 제 경험이 조금이나마 도움이 되기를 진심으로 바랍니다.

Part 1.
나에게 딱 맞는 고등학교 선택하기

미국의 고등학교 종류

미국의 고등학교는 공립학교, 사립학교, 보딩 스쿨, 마그넷 스쿨, 스페셜라이즈드 스쿨, 차터 스쿨 등 다양한 유형으로 구성되어 있으며, 학생의 학문적 관심사와 가정 환경에 따라 최적의 선택이 달라질 수 있습니다.

공립학교: 지역 주민들의 세금으로 운영되며 해당 학군 내 학생들에게 무료로 제공됩니다. 대부분의 학생들이 다니는 학교로, 커리큘럼은 주(州) 교육청의 가이드라인에 따라 운영됩니다. 공립학교의 장점은 지역사회와 밀접한 관계를 형성하며 다양한 사회적 배경을 가진 학생들과 교류할 수 있다는 점입니다. 또한 클럽, 스포츠, 예술 활동 등 폭넓은 과외 활동 기회를 제공합니다. 다만, 학교별로 교육의 질과 자원의 차이가 클 수 있으며, 학군에 따라 학업 환경이 제한될 수 있습니다.

사립학교: 정부 지원 없이 학비와 기부금으로 운영되며, 교육 철학이나 종교적 배경을 가진 학교가 많습니다. 대체로 소규모 클래스와 맞춤형 교육을 제공하며, 높은 수준의 리소스와 시설을 활용할 수 있습니다. 학생 개별의 요구를 충족시키는 교육이 가능하며, 대학 진학을 위한 강력한 네트워크와 지원을 받을 수 있습니다. 그러나 연간 학비가 2만~5만 불로 높아 경제적으로 부담이 될 수 있고 입학 경쟁이 치열할 수 있습니다.

보딩 스쿨: 기숙사에서 생활하며 공부하는 학교로 사립학교의 한 종류입니다. 학생들이 독립적으로 생활하면서 학업과 생활을 병행합니다. 체계적인 관리와 교육을 제공하며, 다양한 국적의 학생들과 교류할 기회를 제공합니다. 정규 수업 외에도 리더십, 스포츠, 예술 등 다방면에서 학생을 성장시키는 프로그램이 포함되어 있습니다. 하지만 높은 학비와 기숙사 생활로 인한 심리적 부담이 있을 수 있습니다.

마그넷 스쿨: 특정 학문 분야, 예를 들어 STEM, 예술 등에 중점을 둔 공립학교의 한 유형입니다. 학생은 주로 입학 시험, 성적, 지원서를 기반으로 선발됩니다. 특화된 분야에서 심화 학습을 받을 수 있으며, 높은 학업 성취도를 자랑합니다. 공립학교로서 학비 부담이 없다는 점이 장점이지만, 입학 경쟁이 매우 치열하며, 주에 몇 개 없다 보니 통학 거리가 멀어질 수 있다는 단점이 있습니다.

스페셜라이즈드 스쿨: 과학, 기술, 예술 등 특정 분야에 특화된 공립학교로, 주로 성적, 오디션, 포트폴리오 등을 통해 선발됩니다. 관심 분야에 대한 심화 교육과 뛰어난 리소스를 제공하며, 동료 학생들과 비슷한 관심사를 공유하며 협업할 수 있는 환경을 조성합니다. 그러나 지나치게 특정 분야에 집중되어 다른 학문적 균형이 부족할 수 있는 단점이 있습니다.

차터 스쿨: 독립적으로 운영되는 공립학교로, 독창적이고 유연한 커리큘럼을 제공합니다. 주로 학부모, 교사, 비영리 단체 등이 운영하며, 전통적인 공립학교보다 혁신적이고 창의적인 교육 방식을 채택합니다. 학비가 없으면서도 특화된 프로그램을 제공한다는 점이 매력적입니다. 그러나 일부 학교는

안정적인 재정 지원 부족으로 운영이 불안정할 수 있습니다.

이처럼, 학교 종류마다 특성이 다르고 각각의 장단점이 있으니, 학교 선택 시 자녀의 학문적 관심사, 학비 부담, 입학 가능성, 통학 거리, 그리고 특화 프로그램 등을 종합적으로 검토하여 최적의 선택을 하시면 좋을 것 같습니다.

마그넷 스쿨과 스페셜라이즈드 스쿨
- 어떤 가치가 있을까?

공립학교로 진학을 결정한 상태에서 STEM이나 예술 분야에 관심과 재능이 있는 학생이라면, 마그넷 스쿨(Magnet School)과 스페셜라이즈드 스쿨(Specialized School)에 대한 진학을 한 번쯤 고려해 볼 만합니다. 이들 학교는 둘 다 공립학교로서 학비 부담이 없으면서도, 일반 공립학교와는 달리 특정 분야에 집중하여 심화 학습을 할 수 있는 기회를 제공합니다. 이러한 환경은 학생들의 재능을 최대한 발휘하도록 돕고, 미래의 진로를 구체적으로 설계하는 데 있어 중요한 발판이 될 수 있기 때문에 매우 매력적이죠.

캘리포니아 오렌지 카운티의 트로이 하이스쿨(Troy High School)과 오렌지 카운티 예술학교(Orange County School of the Arts, OCSA)는 각각 STEM(과학, 기술, 공학, 수학)과 예술 분야에서 두각을 나타내는 학교로, 마그넷 스쿨과 스페셜라이즈드 스쿨의 가치를 잘 보여주는 사례입니다. 이번 장에서는 이 두 학교를 중심으로, 이러한 학교들의 장점과 단점을 얘기해 보도록 하겠습니다.

트로이 하이스쿨(Troy High School)

트로이 하이스쿨(Troy High School)은 캘리포니아 풀러턴에 위치한 공립 마그넷 스쿨로, STEM 분야와 국제 바칼로레아(IB) 프로그램에서 뛰어난 성과를 자랑합니다. 이 학교의 트로이 테크놀로지 마그넷 프로그램(Troy Tech Magnet Program)은 STEM 교육을 중심으로, 연구, 코딩, 공학 설계 등 실질적인 학습 경험을 제공합니다. 이러한 강력한 커리큘럼 덕분에 트로이는 National Science Olympiad에서 수년간 전국 우승과 입상을 기록하며 두각을 나타내고 있습니다. 이 프로그램은 입학시험을 통해 선발된 학생들로 구성되며, 지역뿐만 아니라 주 전역에서 재능 있는 학생들이 지원하고 있습니다.

📌 Gio's Tip

저는 마그넷 고등학교에 가서 많은 혜택을 누릴 수 있었습니다. STEM 관련 프로그램이 잘 되어 있어, 바이오 분야에 관심이 많았던 저에게 관심을 더욱 깊이 있게 발전시킬 수 있도록 도와주었어요. 수업에서는 직접 경험하고 배우는 기회가 많았습니다. 아래는 학교 수업 때 직접 돼지를 해부한 사진입니다.

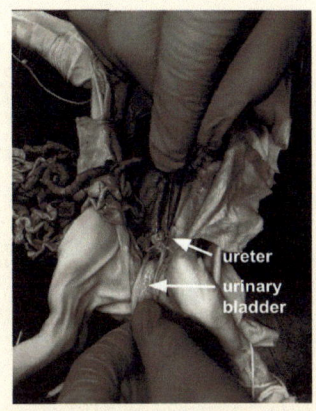

학교 과학 시간 중 돼지를 이용한 해부학 실습

실제로 해부를 해보면 이론과는 사뭇 다르게 느껴졌습니다. 책에서는 핏줄이 가지런하고, 모든 장기들이 색이 칠해져 있는데, 실제로는 무엇이 무엇인지 구분하기 어려웠습니다. 그래서 이론을 더 열심히 공부하고, 친구들과 같이 공부하며 서로 도와주게 되었어요.

해부 활동은 조별로 진행되었고, 돼지 한 마리를 팀원들과 함께 해부했습니다. 팀원들과 협력하여 돼지를 서로 잡아주고, 도구를 건네고, 장기를 찾으면서 과학에서 가장 중요한 요소인 협업의 가치를 배울 수 있었습니다.

오렌지 카운티 예술학교(OCSA)

OCSA(Orange County School of the Arts)는 캘리포니아 산타아나에 위치한 스페셜라이즈드 예술 학교로, 시각 예술, 공연 예술, 문학 예술 등 다양한 예술 분야에서 전문적인 교육을 제공합니다. 학생들은 엄격한 오디션 과정을 통해 선발되며, 독창성과 열정을 중시하는 학습 환경 속에서 성장할 기회를 갖게 되죠. OCSA는 정규 학업과 예술 교육을 효과적으로 결합한 독특한 스케줄을 운영하며, 재능 있는 예술가를 꿈꾸는 학생들에게 최적의 선택지가 될 수 있습니다.

위에서 살펴본 트로이 하이스쿨과 OCSA는 분명 특정 분야에 강점을 가진 학생들에게 훌륭한 기회를 제공하는 학교들입니다. 하지만, 이 두 학교는 모두 고도의 경쟁적인 분위기를 가지고 있습니다. 트로이 하이스쿨에서는 학업적 성과를 유지해야 하는 부담이 있으며, OCSA에서는 끊임없이 창작하고 발전해야 하는 예술적 압박이 존재합니다. 따라서 단순히 명성에 기반해 학교를 선택하기보다는, 학생 개인의 목표와 성향, 그리고 학교의 교육 철학이 나와 잘 맞는지를 우선적으로 고려해야 합니다. 학교는 '좋은 곳'이기보다, 학생이 자신의 잠재력을 최대한 발휘할 수 있는 환경이어야 하기 때문이죠.

📌 **Gio's Tip**
학교와 활동 사이에서 균형 잡는 법

고등학교에 들어가면 할 일이 정말 많아집니다. 학년이 올라갈수록 학교 수업은 점점 더 어려워지고, 활동에서의 책임감도 점점 커지죠. 특히 11학년과 12학년이 되면 3~4개 이상의 AP 과목이나 상급 과목을 듣는 동시에 동아리 회장, 개인 프로젝트, 예체능 활동 등 다양한 것들을 동시에 해내야 합니다. 이 모든 걸 균형 있게 잘 해내는 것이 성공적인 고등학교 생활의 핵심입니다.

저도 고등학교 시절에 많은 친구들이 밸런스를 맞추지 못하고 힘들어하는 모습을 봤습니다. 특히 9학년 때부터 제대로 된 공부 습관이나 시간 관리 능력을 갖추지 못한 친구들이 점점 더 큰 어려움을 겪는 경우가 많았죠. 시험을 봐서 들어가는 어려운 고등학교에 입학하여 Valedictorian 졸업(발레딕토리안. 수석 졸업), IB Diploma 와 AP 과목 14개, 2개의 동아리 회장직, 리서치 3개, 책 출판 등 제가 어떻게 공부와 활동을 균형 있게 해냈는지, 그 꿀팁을 공유해 보려고 합니다.

내가 뭘 알고 뭘 모르는지 파악하기
자신의 한계를 아는 것은 정말 중요합니다. 그리고 그 한계를 파악하기 위해서는 자기 자신에게 솔직해져야 하죠. 제일 나쁜 건 내가 뭘 아는지도, 뭘 모르는지도 모르는 상태에 빠지는 겁니다. 고등학교에서는 성적표와 GPA라는 아주 명확한 피드백이 나오기 때문에, 내가 부족한 부분을 금방 알아차릴 수 있습니다.

저는 9학년 때 영어 과제에서 계속 B를 받았어요. 처음에는 왜 그런지 몰랐는데, 나중에 보니 에세이 과제가 약점이었더라고요. 솔직히 저도 에세이 쓰는 게 자신 없었지만, 이렇게 계속 B를 받으니 확실히 도움을 요청해야겠다는 생각이 들었어요.

그 후, 선생님께 제 에세이를 들고 가서 피드백을 요청했습니다. 선생님은 제 에세이가 분석적인 면에서 부족하다는 점을 짚어 주셨고, 어떻게 고칠 수 있을지 방향성을 알려주셨어요. 또, 같은 수업을 듣는 친구 중 에세이를 잘 쓰는 친구에게 도움을 요청했어요. 그 친구가 어떤 방식으로 글을 쓰는지 배우고, 제가 부족했던 부분을 보완하면서 점점 나아질 수 있었습니다.

핵심은 도움을 요청하는 걸 두려워하지 않는 것입니다. 이렇게 말하면 쉬워 보이지만, 그 상황이 닥치게 되면 도움을 요청하기가 쉽지 않아요. 도움이 필요하지 않다고 생각할 수도 있고, 내가 스스로 해보고 싶다고 생각이 들기도 하고, 도움을 요청하면 내가 못한다고 인정하는 것처럼 느낄 수도 있죠. 처음에는 나의 부족함을 인정하는 게 부끄러울 수 있어요. 하지만 그걸 인정하고 다른 사람의 도움을 받는 것도 성장의 중요한 한 부분이라는 걸 꼭 기억하세요.

시간을 돈처럼 쓰기

요즘 유튜브, 인스타그램 같은 빠지기 쉽고 헤어나오기 어려운 유혹이 많죠. 한 번 빠지면 시간 가는 줄 모르고 몇 시간을 허비하기도 합니다. 저도 이런 유혹에서 자유롭지 못했는데요. 그래서 저는 시간을 돈처럼 생각하고 쓰는 습관을 길렀습니다.

돈을 쓸 때 신중하게 고민하잖아요. 쓸데없는 소비를 피하고, 가성비를 따지고, 필요한 것만 사려고 노력하죠. 시간을 대할 때도 이와 똑같은 마음가짐을 가져야 합니다.

저는 매일 플래너를 쓰며 할 일을 정리했습니다. 가계부를 쓰는 것과 마찬가지죠. 돈을 관리할 때 월세, 보험료 같은 고정 지출을 미리 계산해두듯이, 매일 공부와 활동에 쓰이는 시간을 기본적으로 빼놓고 생각하는 것입니다. 앞으로 큰 지출이 있을 예정이면 아껴 쓰듯이, 갑자기 시험이나 중요한 발표, 대회 같은 큰 이벤트가 있을 때는 그에 맞게 시간을 다시 배분하는 겁니다.

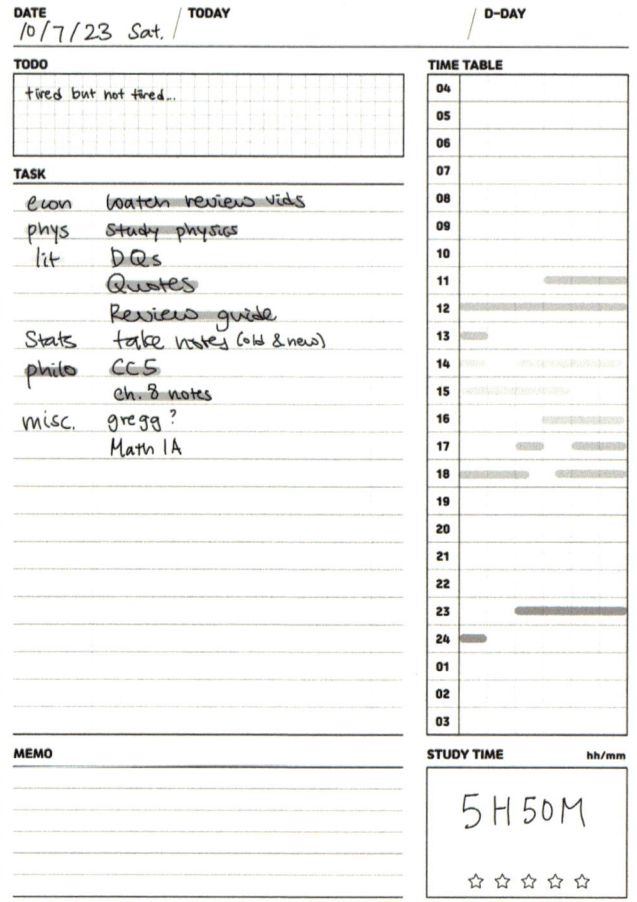

4년간 매일 작성해 온 플래너 일부 발췌

특히 방학은 시간을 활용할 수 있는 '보너스' 같은 존재입니다. 여름 방학과 겨울 방학 동안에는 학교 수업이 없으니 평소보다 시간을 자유롭게 쓸 수 있 잖아요. 이 시간을 활용해서 평소에 하지 못했던 프로젝트에 도전하거나 새로운 활동을 시작해보는 것도 좋습니다. 예를 들어, 관심 있던 리서치 활동에 참여하거나, 대학교 수업을 들으면서 나에게 투자하는 거죠.

미국 유학, 언제가 적기일까?

미국에서 교육을 받으려는 한국 학생들에게 가장 큰 도전은 바로 언어의 장벽, 즉 영어입니다. 특히 영어는 학업뿐만 아니라 사회적 상호작용과 문화 적응에도 중요한 역할을 하므로, 가능한 한 미리 준비하고 적응하는 것이 매우 중요합니다.

미국 교육 시스템에서 영어의 중요성
미국 학교에서는 학업뿐만 아니라 토론, 발표, 프로젝트 등 다양한 형태로 영어 사용을 요구합니다. 실제로 토론 수업에서 몇 번, 어떻게 발표했는지에 대해 점수가 매겨지는 경우도 있습니다. 영어가 능숙하지 않으면 단순히 교과서를 읽고 이해하는 데 그치지 않고, 친구를 사귀거나 그룹 활동에 참여하는 것조차 어려울 수 있습니다. 따라서 영어는 학문적 성공뿐 아니라 학생의 전반적인 적응과 성장을 위해 필수적인 요소입니다.

언제 미국으로 오는 것이 가장 좋을까?
언어와 문화 적응의 측면에서 보면, 늦어도 중학교(Middle School. 6~8학년)에는 오는 것을 추천합니다. 이 시기가 지나면 학생들이 언어를 자연스럽게 습득하기에 어려움을 겪고, 동시에 언어상의 이유로 또래 집단을 통한 미국 문화에 대한 이해가 어려워지기 때문입니다. 늦어도 초등학교 고학년, 아무리 늦어도 중학교에는 시작해야 고등학교 진학 전에 기본적인 영어 능력을 갖추고, 미국 교육 시스템에 익숙해질 수 있는 시간이 주어지는 거죠.

ESL 프로그램의 활용

미국의 많은 학교는 ESL(English as a Second Language) 프로그램을 제공하여 영어가 모국어가 아닌 학생들이 적응할 수 있도록 돕습니다. 이 프로그램은 학생의 언어 능력을 평가한 후, 맞춤형 수업과 지원을 제공하는데요, ESL 수업은 영어의 기본 문법과 어휘뿐 아니라 학술적 영어를 배우는 데 초점을 맞추며, 동시에 학생들이 자신감을 갖고 영어를 사용할 수 있도록 돕습니다. ESL을 적극적으로 활용하면 언어 능력을 더 빠르게 향상시킬 수 있으니, 적극 활용하기를 권합니다.

언어와 문화의 상호작용

학교 활동과 영어 학습은 밀접하게 연결되어 있습니다. 학교 행사, 스포츠팀, 클럽 활동 등 다양한 프로그램에 참여하는 것은 학생이 영어 실력을 자연스럽게 향상시키는 동시에 미국 문화에 대한 깊은 이해를 얻을 수 있는 기회를 제공합니다. 이렇게 다양한 학교 활동에 적극적으로 참여하고, 이를 통해 영어를 학습하는 것은 학생들이 언어 장벽을 넘어 성장할 수 있는 강력한 발판이 될 것입니다.

수업 참여도가 내신에 포함된다?

미국에서는 거의 모든 수업에서 학생들의 수업 참여도가 내신에 반영됩니다. 단순히 학교에 와서 책상에 앉아 시험만 잘 보면 되는 것이 아니라, 수업 시간 동안 적극적으로 의견을 내고, 의미 있는 방식으로 기여하며 참여해야 하죠. 실제로 많은 수업에서 내신 카테고리에 Participation(참여 점수)가 적지 않은 비중을 차지합니다.

이런 모델의 장점은 학생들이 자신의 학습을 스스로 이끌어 나가며 적극적으로 참여할 수 있다는 점입니다. 수업에 참여함으로써 학생들은 더 깊이 몰입할 뿐만 아니라, 자신만의 독창적인 의견을 공유하고, 서로의 생각을 배우는 기회를 얻게 됩니다. 처음 미국 수업 모델을 접하는 사람들에게는 이 방식이 상당히 충격적으로 느껴질 수 있습니다. 참여하지 않으면 마치 수업에 나오지 않은 학생처럼 간주되기 때문이죠. 미국 학교들이 수업 참여를 얼마나 중요하게 여기는지 알 수 있는 대목입니다.

어떻게 참여해야 할까?

단순히 무조건 말을 많이 한다고 해서 참여 점수가 올라가는 것은 아닙니다. 의미 있는 방식으로 참여하는 것이 핵심입니다. 미국의 수업 중에는 토론이나 세미나 형식인 경우가 많아서, 이러한 수업에 참여하기 위해서는 미리 준비가 필요합니다. 예를 들어, 토론 주제와 관련된 자료 조사는 기본이며, 토론 시간이 되었을 때 다른 사람들과 존중하며, 동시에 건설적으로 대화에 기여하는 것이 중요합니다.

📌 Gio's Tip

제 친구 중에는 참여 점수를 올리기 위해 자신이 준비해 온 말만 억지로 하는 경우도 종종 볼 수 있었어요. 대화의 흐름과 상관없이 뜬금없이 자신의 의견을 말하는 학생들이 있는가 하면, 과도하게 적극적인 나머지 다른 학생들에게 발언 기회를 주지 않는 경우도 있습니다. 하지만 이러한 행동은 meaningful participation(의미 있는 참여)에 해당되지 않고, 더 안 좋게 보일 수 있습니다.

의미 있는 참여란, 내가 말하는 내용이 토론에 새로운 관점을 더하거나 대화를 더 풍부하게 만드는 것입니다. 단순히 말하는 횟수나 시간으로 측정되는 것이 아니죠. 참여할 때마다 "내가 지금 말하는 것이 이 대화에 어떤 가치를 더하는가?"를 항상 고민해야 합니다.

미국의 수업에서 참여는 단순한 점수의 문제가 아닙니다. 이는 학습 태도와 학생들의 성장을 보여주는 중요한 지표로, 대학에서도 매우 중요하게 평가합니다. 수업 참여가 익숙하지 않더라도, 준비와 연습을 통해 의미 있게 하게 대화에 기여하는 태도를 기른다면 훨씬 더 풍부한 학습 경험을 쌓을 수 있을 것입니다.

미들부터 시작되는 입시 준비
- 시기별 로드맵

미들(6~8학년) 시기는 학생들이 고등학교와 대학 입시를 위해 학업적, 개인적으로 중요한 기초를 다지는 단계입니다. 이 시기의 목표는 단순히 성적을 잘 받는 것을 넘어, 장기적인 성장과 목표를 염두에 두고 다양한 경험과 습관을 쌓는 것이 되어야 하죠. 그럼 이 중요한 시기를 우리 아이들이 어떻게 보내야 할지 큰 관점에서 로드맵을 제시해 드려볼까 합니다

학업 성취는 가장 기본이자 중요한 부분입니다.
영어, 수학, 과학, 사회 등 주요 과목에서 탄탄한 기본기를 다지는 것은 이후의 고등학교 과정에서 상급 코스(예: Honors 또는 Advanced Placement)으로 진학할 수 있는 기반이 됩니다. 중학교에서 성적을 잘 유지하는 것은 고등학교에서 더 높은 수준의 과목에 도전할 수 있는 발판이 되므로 꾸준히 학업 성과를 관리해야 합니다.

독서 습관을 길러야 합니다.
폭넓은 독서는 어휘력을 늘리고 비판적 사고 능력을 키우는 데 큰 도움을 줍니다. 예를 들어, 문학 작품은 창의적 사고를, 과학 책은 논리적 사고를, 역사 서적은 분석적 사고를 키울 수 있는 기회를 제공합니다. 이런 독서 경험은 이

후 대학 입시 에세이를 작성하거나 토론 활동을 할 때도 큰 자산이 됩니다.

미국에서는 초등학교부터 annotation(애노테이션), 즉 글을 읽으면서 자신의 생각을 능동적으로 적는 방법을 가르칩니다. 애노테이션은 단순히 중요한 부분에 밑줄을 긋는 데 그치지 않고, 글을 읽는 동안 떠오르는 질문, 작가와 상반된 의견, 이해하기 어려운 부분, 이전에 나온 내용과의 연결점, 이야기의 정리나 앞으로의 전개에 대한 예측 등을 기록하는 것이 핵심입니다.

학교 9학년 영어 수업에서 한
"How to tame a wild tongue" annotation 중 발췌

위 내용은 제가 실제로 9학년 영어 수업에서 annotation을 했던 글입니다. 이 글은 언어가 한 개인의 정체성과 깊이 얽혀 있다는 점을 다루며, 저자가 자신의 언어를 "날것 그대로(wild)" 유지하려 하고, 폐쇄적인 언어적 경계가 이를 제한하지 못하게 하는 과정을 담고 있습니다. 이처럼 저자의 아이디어가 특정 섹션에서 어떻게 드러나는지를 이해하려면, annotation을 통해 글을 세밀히 분석하는 스킬이 중요합니다.

특히 고등학교에서는 한 학기에 여러 권의 문학 작품을 발췌가 아닌 전문으로 읽고, 이를 분석하는 과정이 필수적인 경우가 많습니다. 이때, annotation 능력이 부족하면 작품을 비판적으로 읽고 깊이 있는 분석을 하는 데 어려움을 겪게 됩니다. 또한, 이를 통해 주요 주제나 작가의 의도를 충분히 이해하지 못한다면 설득력 있고 논리적인 에세이를 작성하는 데도 한계가 생길 수 있습니다. 이렇게 고등학교에서 높은 수준의 책 분석을 하기 때문에 중학교 때부터 독서 능력을 기르는 게 중요합니다.

Extracurricular Activity(EC. 교과 외 활동)는 고등학교 때 시작하면 늦습니다.
중학교는 자신의 관심사를 탐색하고 다양한 경험을 시도해 볼 수 있는 시기이죠. 특히나 많은 시간이 필요한 운동, 음악, 미술, 봉사 등 관심 있는 활동에 참여하면서 자신만의 강점과 열정을 찾아갈 수 있다면 고등학교 생활이 더욱 풍성해질 것입니다.

고등학교에는 정말 다양한 클럽들이 존재합니다. 대부분 학교에서는 학년 초에 클럽 페어를 열어 각 클럽이 활동을 홍보하고 신입 회원을 모집하는데요, 이때 중학교 때부터 꾸준히 해온 자신 있는 활동이 있다면, 이를 고등학교 클럽 활동으로 자연스럽게 연결할 수 있습니다.

예를 들어, 중학교에서 음악에 관심을 가지고 합창단에 참여했다면 고등학교에서는 합창부나 밴드 클럽에 가입해 더욱 전문적이고 꾸준한 EC로 어필할 수 있게 되는 것이죠.

또 다른 예로, 중학교 축구팀에서 활약했다면 고등학교 축구팀에 입단해 경기 경험을 쌓고, 팀워크와 리더십을 강화할 기회로 삼을 수 있습니다. 나아가, 주니어 또는 시니어 학년이 되면서 팀 주장을 맡거나 후배들을 지도하고 돕는 역할을 통해 리더십 역량을 에세이에서 더욱 두드러지게 보여줄 수 있습니다.

만약, 과학이나 테크놀로지, 수학에 관심이 있다면 중학교 때부터 코딩 대회, 로보틱스 대회, 매스 카운트, MAA(Mathematical Association of America)에서 주관하는 AMC(American Mathematics Competitions)나 AIME(American Invitational Mathematics Examination)와 같은 수학 경시대회, 또는 사이언스 올림피아드에 참여하며 경험을 쌓을 수 있습니다.

중요한 점은 자신이 선택한 클럽 활동에 꾸준히 참여하며 열정을 보여주는 것입니다. 단기적인 참여보다 장기적으로 하나 또는 두 개의 클럽에 집중하며 깊이 있는 활동을 하는 것이 대학 입시에서 더 큰 강점으로 작용한다는 사실 잊지 마시고요.

책상 밖으로 나가 진로를 경험시켜 주세요.

여름 방학이 긴 미국에는 거의 모든 학년을 위한 다양한 서머 캠프가 마련되어 있습니다. 여름 캠프는 학생들이 관심 있는 분야를 탐색하고 다양한 핸즈 온 액티비티를 통해 실질적인 경험을 쌓을 수 있는 좋은 기회이죠.

예를 들어, STEM(과학, 기술, 공학, 수학) 분야에 관심이 있는 학생들에게는 Johns Hopkins Center for Talented Youth(CTY) 프로그램이나 MathPath 같은 캠프가 적합합니다. 여름 캠프 중 가장 유명한 CTY 같은 경우 미국 내 여러 곳의 사이트에서 진행되며, 1학년부터 12학년까지를 대상으로 하는 수많은 다양한 프로그램이 있습니다.

출처: 존스 홉킨스 대학교 홈페이지 CTY 프로그램(https://cty.jhu.edu)

한 예로, 위의 사진은 CTY의 여름 캠프 중 하나인 7~8학년을 대상으로 하는 Anatomy and Physiology 프로그램인데요, 과학 쪽에 관심 있는 학생들에게 인기 있는 프로그램입니다. 핸즈 온 액티비티로 실제 돼지를 해부, 관찰해

보면서 각 장기의 시스템 및 세포와 조직에 대해 배우는 과정입니다. 만약, 이 캠프가 아이에게 잘 맞았고, 과정이 재밌었다면 아이들은 자연스럽게 해부학에 더 큰 관심을 갖게 되고 연관 진로를 탐색하게 되는 것이죠.

예술과 문학에 관심이 있는 학생들은 영 아티스트를 위한 Interlochen Arts Camp나 Writopia Lab 같은 캠프에 참여할 수 있습니다. 이들 캠프는 창작 활동을 지원하고, 학생들이 자신의 재능을 탐구하며 성장할 수 있는 환경을 제공합니다.

또한, 리더십이나 커뮤니케이션 기술을 개발하고 싶은 학생들에게는 National Student Leadership Conference(NSLC)나 Future Problem Solving Program(FPSP) 같은 캠프를 추천합니다. 이 캠프들은 글로벌 문제 해결 능력을 키우고, 실질적인 리더십 기술을 배우는 기회를 제공합니다.

초등학교 때 참가하는 캠프와는 달리, 중학교 때 참가하는 캠프는 단순히 재미를 위한 것이 아니라, 학생이 흥미를 느끼는 분야를 깊이 탐구하고 자신의 능력을 시험해 볼 수 있는 소중한 기회입니다. 이런 경험들은 진로를 탐구하고, 자신만의 스토리를 만들어 나가는 데 중요한 역할을 하죠.

중학교 시기를 알차게 활용하는 것은 고등학교와 대학 입시로 이어지는 여정을 더욱 수월하게 해줍니다. 이 시기에 쌓은 학업적, 개인적, 그리고 사회적 경험은 앞으로 학생들이 자신의 가능성을 최대한 발휘할 수 있는 튼튼한 기반이 되어줄 테니, 가능하면 방학 동안 책상 밖으로 나가 많은 경험들을 하길 권합니다.

하이에서 완성되는 승리 전략
- 학년별 로드맵

미국 대학 입시는 단순히 시험 점수와 지원서를 제출하는 과정을 넘어, 학생의 성장 과정과 잠재력을 종합적으로 평가하는 시스템입니다. 그렇기 때문에 고등학교 4년은 입시 준비의 골든 타임으로 불립니다. 매 학년마다 중요한 목표와 전략이 다르기에, 각 학년의 특징을 잘 이해하고 계획적으로 준비하는 것이 필요합니다.

9학년: 4년간의 로드맵을 위한 기초를 다지는 시간
9학년은 새로운 환경에 적응하면서 자신만의 길을 찾아가는 중요한 시기입니다. 이 시기에는 학업에서 탄탄한 기초를 다지고, 과외 활동을 통해 다양한 경험을 쌓으며 정체성을 형성해 나가는 것이 필요합니다. 무엇보다 고등학교 첫해는 대학 입시를 위한 장기적인 로드맵을 설정하는 출발점입니다.

Academic
가장 먼저 고려해야 할 것은 학업입니다.
고등학교 4년 동안의 커리큘럼을 전체적으로 조망하고, 어떤 과목을 어떤 레벨로 시작할지 신중히 결정하는 것이 중요합니다. 예를 들어, 수학이나 과학 과목의 경우, 9학년에서 시작하는 트랙이 12학년까지의 선택 폭에 직접

적으로 영향을 미칠 수 있습니다.

만약 선택한 과목이 너무 어렵거나 자신에게 맞지 않는다고 느껴진다면, 과목을 드롭(dropping)하는 것도 하나의 방법입니다. 학교별로 조금씩 다르지만, 일반적으로 수강 신청 후 한 달 안에 자신이 선택한 수업을 바꾸거나 드롭할 수 있으니 이를 잘 활용해 보세요. 지나치게 도전적인 과목을 선택해 GPA가 낮아지거나 학업에 대한 자신감을 잃는 것은 4년 동안 지속될 마라톤 같은 입시 준비에서 분명 불리하게 작용할 수 있기 때문입니다.

반대로, 학업에 자신이 있고 Top 20 대학을 목표로 한다면, 수업 레벨을 Honors나 AP로 시작하여 최상위 트랙을 밟는 것이 중요합니다. 9학년을 지나치게 쉬운 레벨로 시작할 경우, 이후 학년에서 레벨을 높이는 데 한계가 생길 수 있습니다.

예를 들어, 8학년에 Honors Algebra 1을 마친 학생이 이공계 전공을 희망한다고 가정해 볼게요. 일반적으로 이런 학생은 9학년에서 Honors Geometry로 시작합니다. 최상위 수학 트랙은 보통 Honors Algebra 1 → Honors Geometry → Honors Algebra 2 → AP Pre-Calculus → AP Calculus AB or BC → AP Statistics로 이어지는데, 9학년을 Honors Geometry로 시작한다면 12학년의 최종 수학 과목은 AP Calculus BC로 제한될 가능성이 높습니다.

하지만 Top 20 대학을 목표로 한다면, AP Calculus BC만으로는 충분하지 않습니다. 이런 경우, 9학년 입학 전 여름 방학 동안 온라인 강의를 통해 Honors Geometry를 수강하여 학점을 받은 후, 9학년 수학을 Honors Algebra 2로 시작할 수 있습니다. 이 경우 트랙은 다음과 같이 구성됩니다: Honors Algebra 2(9학년) → AP Pre-Calculus(10학년) → AP Calculus BC(11학년) → AP Statistics 또는 Linear Algebra(12학년). 이렇게 하면 12학년에 더 높은 수준의 수학 과목을 선택할 수 있는 여지가 생기고, 대학 입시에서 중요하게 여기는 도전적인 학업 성취를 보여줄 수 있습니다.

이처럼 학생의 학업 역량과 목표를 정확히 평가하고, 처음부터 적절한 트랙을 선택하는 것이 무엇보다 중요합니다. 성급히 쉽거나 어려운 선택을 하기보다, 장기적인 계획을 염두에 두고 전략적으로 커리큘럼을 설계하는 것이 성공적인 대학 입시의 첫걸음입니다.

Non-Academic
두 번째는 자신의 관심사를 탐구하고 발전시킬 수 있는 활동에 적극적으로 참여하는 것입니다.

고등학교에 입학하면 학년 초에 대부분 클럽 페어가 열립니다. 학교의 크기에 따라 다르지만, 보통 수십 개의 클럽이 소개되고, 선배들이 각 클럽을 홍보하는 시간을 갖습니다. 이때, 미들스쿨 때부터 관심을 가졌던 활동을 이어가는 것도 좋고, 완전히 새로운 분야를 탐색해보는 것도 좋은 방법입니다. 이러한 탐색은 자신에게 무엇이 흥미로운지 알아가는 과정이며, 나아가 진로 선택에도 큰 영향을 미칠 수 있습니다.

📌 Gio's Tip

중학교 때부터 환경보호에 관심이 많았던 제 친구는 고등학교 때 Environmental Club에 가입했습니다. 처음에는 공원에서 쓰레기 줍기나 작은 모금활동을 돕는 정도였어요. 하지만 여기서 그치지 않고 학교 전체에서 실시하는 큰 프로그램으로 발전시켰습니다. 학교의 청소 미화원분들과 소통하여 점심시간에 학생들이 남긴 급식을 모아 기부하는 캠페인도 직접 기획했습니다. 또한 학교 밖에서는 리사이클링을 통해 만든 액세서리를 판매하는 사업을 시작하기도 했습니다. 이러한 활동은 제 친구가 환경공학을 전공하기로 결심하는 데 큰 영향을 주었고, 대학 지원 시에도 강력한 에세이 소재로 활용되었죠.

이렇게 시작된 관심사가 고등학교 4년 동안 꾸준히 이어져 'Extracurricular Activities'로 발전할 수 있는 겁니다. 대학 입시에서 중요한 것은 활동의 수가 아니라, 활동에 얼마나 깊이 관여했는지와 얼마나 큰 영향력을 발휘했는지를 보여주는 것입니다. 따라서 9학년부터는 단순히 여러 활동에 참여하고 활동을 나열하는 데 그치기보다는, 자신이 진정으로 흥미를 느끼는 분야를 찾아 그 안에서 지속적으로 성장할 기회를 모색해야 합니다.

External Opportunities

또한, 동아리 외에도 외부에서 진행되는 활동에 참여하는 것도 좋은 방법입니다. 예를 들어, 예술에 관심이 있다면 지역 갤러리에서 열리는 청소년 프로그램에 참여하거나, 코딩에 관심이 있다면 여름 방학 동안 코딩 부트캠프에 등록하는 등 학교 밖에서 자신의 관심사를 확장해 나가는 것이 중요합니다. 이처럼 폭넓은 경험을 통해 자신만의 스토리를 만들고, 대학 입시에서 돋보일 수 있는 차별화된 배경을 만들어가는 시작이 바로 9학년입니다.

10학년: 학업과 활동에 깊이를 더하는 시간

사실상 12학년은, 9학년~11학년 동안 해왔던 것들을 바탕으로 원서를 작성하는 시기이기 때문에, 10학년은 고등학교 활동이 적극적으로 이루어지는 3년간의 중반에 해당합니다. 따라서 이 시기는 학업과 과외 활동 모두에서 본격적으로 자신의 목표를 구체화하고 발전시켜야 하는 시기라 할 수 있는데, 9학년이 탐색과 적응의 시간이었다면, 10학년은 이를 바탕으로 깊이를 더해가는 과정이라 할 수 있죠. 학업과 활동의 방향을 명확히 정하고, 목표를 향해 체계적으로 나아가는 전략적 사고가 필요한 시점입니다.

Academic

10학년은 학업적으로 가장 중요한 성장의 시기입니다. 특히 UC는 10학년과 11학년의 성적만을 GPA 계산에 반영하기 때문에(9학년의 성적은 UC 지원서에 기록되어 입학에 필요한 과목을 모두 수강했는지 체크되기는 하지만, 성적이 반영되지는 않음), UC를 목표로 한다면 10학년 성적이 특히나 매우 중요합니다. 이 시기에는 영어, 수학, 과학, 사회 등 모든 과목에서 도전적인 선택을 하면서도 과목 간 균형을 유지하는 것이 핵심입니다.

또한, 이 시기에는 처음으로 AP 과목에 도전하는 학생이 많습니다. AP Biology, AP World History, 또는 AP Computer Science와 같이 10학년 수준에서 감당할 수 있는 과목을 선택하고, 이 과정을 통해 대학 입시에서 요구하는 학문적 깊이를 보여줄 수 있는 기회를 만들어야 합니다.

Non-Academic
10학년은 과외 활동에서 본격적으로 리더십과 영향력을 키우는 시기입니다. 9학년 때 다양한 활동을 탐색하며 발견한 자신의 관심사를 중심으로, 해당 분야에서 의미 있는 기여를 할 수 있도록 활동의 질과 깊이를 높여야 합니다.

예를 들어, 미들스쿨 때부터 STEM에 관심이 있었던 학생이 9학년 때 Coding Club에 가입해 기본적인 학교 프로젝트에 참여했다면, 10학년에는 지역 코딩 대회에 참가하거나 팀 프로젝트를 주도하는 경험을 시도해 볼 수 있습니다.

또한, 학교 클럽의 리더 역할을 맡아보는 것도 좋습니다. 예를 들어, Debate Club에 관심이 있는 학생이라면 학년 초에 클럽 임원 선거에 출마하거나, 교내 토론 대회를 직접 기획하여 새로운 프로그램을 도입하는 등 구체적인 성과를 만들어내야 합니다. 이처럼 활동의 범위를 넓히고 리더십을 발휘하는 경험은 대학 입시에서 돋보이는 자산이 됩니다.

External Opportunities

학교 활동 외에도 외부 프로그램에 참여하는 것은 자신을 한 단계 더 성장시킬 수 있는 중요한 기회입니다. 예를 들어, 예술에 관심이 있는 학생이라면 지역 미술관에서 주관하는 청소년 아트 캠프에 참가하거나, 과학에 흥미가 있는 학생은 STEM 분야의 여름 캠프에 등록해볼 수 있습니다.

또한, 지역 사회에서의 봉사활동도 이 시기에 강화해야 합니다. 9학년 때 시작한 봉사활동이 있다면, 10학년에는 단순한 참여를 넘어 봉사 프로젝트를 직접 기획하고 실행하는 경험을 통해 더 큰 임팩트를 남길 수 있도록 노력해야 합니다.

11학년: 대학 입시의 핵심적인 시간

11학년은 고등학교 4년 중 가장 중요한 시기입니다. 12학년은 원서 작성과 마무리 단계로 넘어가는 반면, 11학년은 대학 입시에 필요한 모든 준비를 완성도 있게 만들어야 하는 핵심 단계이기 때문입니다. 학업, 액티비티, SAT/ACT 같은 시험, 그리고 대학 지원 전략 수립 등 모든 면에서 구체적이고 체계적인 전략이 필요한 거죠.

Academic

11학년의 학업 성적은 대학 입시에서 가장 중요한 요소로 평가됩니다. 특히 많은 대학들이 11학년 성적을 가장 최근의 학업 성과로 간주하기 때문에, 이 시기에는 GPA와 Course Rigor(도전적 커리큘럼)를 유지하거나 향상시키는 것이 필수적입니다.

이 시기에는 AP 과목 수강이 본격적으로 증가합니다. 학생들은 자신의 학업 목표와 전공 관심사에 맞는 AP 과목을 선택해 도전적인 학업 성취를 보여줘야 합니다. 예를 들어, STEM 분야를 희망하는 학생이라면 AP Calculus BC 또는 AP Bio/Chem/Physics 중 한두 개, 인문학 분야를 고려하는 학생이라면 AP English Language and Composition이나 AP U.S. History 같은 과목을 11학년에서 필수적으로 들어야 합니다.

특히 중요한 점은 이 시기에 학업과 과외 활동의 균형을 유지하는 것입니다. 과목이 어려워질수록 학업 관리가 힘들어질 수 있으므로, 현실적인 수강 계획을 세우고 필요하다면 잠깐씩의 튜터링이나 학습 전략을 활용해 학업 성과를 극대화해야 합니다.

Non-Academic
11학년은 리더십과 전문성을 보여줄 수 있는 활동을 통해 자신을 돋보이게 만들어야 하는 시기입니다. 9학년과 10학년에 탐구하고 발전시킨 관심사를 바탕으로 구체적인 성과를 만들어내야 합니다.

리더십 발휘: 클럽이나 동아리에서 리더 역할을 맡아보는 것이 좋습니다. 클럽 회장, 부회장, 혹은 프로젝트 리더로서 팀을 이끌며 성과를 내는 경험은 대학 입시에서 매우 긍정적으로 평가됩니다. 예를 들어, 환경 클럽 회장으로 재활용 캠페인을 기획하거나, Debate Club 리더로서 지역 대회 참가를 주도하며 결과를 만들어내는 것이 예가 될 수 있겠네요.

개인 프로젝트: 자신의 관심 분야에서 독창적인 프로젝트를 시작해 보는 것

도 좋은 방법입니다. 예를 들어, 코딩에 관심이 있는 학생은 앱을 개발하거나, 예술에 흥미가 있다면 개인 전시회를 열거나 지역 갤러리에 작품을 기부하는 등의 활동을 통해 자신만의 스토리를 만들어갈 수 있습니다.

대회 참가: 자신의 분야에서 전문성을 입증할 수 있는 대회에 도전하는 것도 중요합니다. 과학에 관심이 있다면 Science Fair에 참가하거나, 글쓰기를 좋아한다면 에세이 대회에 응모하는 것도 좋은 방법이며, 수상의 실적이 있다면 Common App 작성시 Honors 란에 수상 실적을 기재할 수 있습니다.

External Opportunities

학교 밖에서의 활동은 11학년을 더욱 특별하게 만들어줍니다. 여름 방학을 활용해 인턴십, 캠프, 연구 프로그램 등에 참여하면 대학 지원 시 매우 돋보일 수 있습니다.

STEM 분야: 대학이나 연구소에서 진행하는 STEM 여름 프로그램에 참가하거나 리서치를 수행해볼 수 있습니다.

사회 봉사: 지역사회 문제를 해결하기 위한 프로젝트를 기획하고 실행해보세요. 단순히 시간을 채우는 활동이 아니라, 의미 있는 변화를 만들어내는 것이 중요합니다. 예를 들어, 지역 커뮤니티의 저소득층 아이들을 위한 무료 학습 프로그램을 조직하거나, 소외된 이웃을 위한 펀드레이징 이벤트를 주최하는 활동 등은 입학사정관들에게 강렬한 인상을 남길 수 있습니다.

Standardized Testing

11학년은 SAT, ACT, 혹은 AP 시험 등 표준화 시험 준비와 응시가 집중적으로 이루어지는 시기입니다.

PSAT/NMSQT: 11학년 초반에 치르는 PSAT는 National Merit Scholarship 자격을 결정짓기 때문에 중요합니다.

SAT/ACT: 가급적 11학년 봄이나 여름 방학까지 SAT 또는 ACT 시험을 마치는 것을 추천합니다. SAT/ACT 모두 어느 정도 배경지식이 쌓이면 훨씬 더 편안하게 시험을 볼 수 있습니다. 따라서 너무 이른 시기에 SAT/ACT를 준비해서 시험을 보기보다는, 어느 정도 배경지식이 쌓인 11학년 초쯤 보는 걸 권합니다. 시험 점수가 충분히 만족스럽지 않다면, 여름 동안 집중적으로 재시험을 준비할 수 있습니다.

AP 시험: 11학년 AP 과목의 시험은 대학 학점을 취득할 기회일 뿐 아니라, 학문적 깊이를 보여주는 요소로도 중요합니다.

12학년: 4년간 흘린 피, 땀, 눈물의 마지막 퍼즐을 맞추는 시간

12학년은 고등학교 생활의 마지막 단계이자 대학 입시 준비의 정점을 이루는 시기입니다. 그동안의 노력과 성과를 집약해 대학 지원 과정에 최선을 다하는 동시에, 학업과 과외 활동에서 꾸준함을 유지해야 하는 도전의 시기이기도 합니다.

Academic

12학년의 학업은 단순히 마무리가 아닌, 고등학교 생활 전체를 대표하는 중요한 시점입니다.

첫째, 성적 관리가 여전히 중요합니다.
많은 대학이 12학년 1학기 성적을 검토하며, RD 지원의 경우 12학년 1학기의 성적을 기재하게 되어 있습니다. 일부 대학은 합격 이후에도 최종 학기 성적을 확인합니다. 성적의 급격한 하락은 입학 취소로 이어질 수 있습니다. 실제로 D나 F를 받아서 대학 합격이 취소된 경우도 종종 있습니다. 이때 받은 대학 합격은 원서를 내는 시점의 학업 및 기타 성과들이 학년 말까지 유지됨을 전제로 하는 Conditional이지 Final이 아니므로 끝까지 성적 유지에 힘써야 합니다.

둘째, 도전적이고 균형 잡힌 수업 선택이 필요합니다.
AP 시험은 5월이지만, 원서 접수는 늦어도 1월이면 끝나기 때문에, 시점상의 이유로 AP 과목은 11학년까지는 성적을 기재하지만, 12학년 수강 AP 과목들은 어떤 과목을 수강하는지 리스트만 기재하게 됩니다. 그렇다 하더라도 12학년에 리거러스한 코스를 수강해서 끝까지 도전적인 모습을 보여주어야 합니다.

AP는 합격한 대학에 따라, 과목별 인정 여부가 다르고, 시험 점수 제출 여부가 다릅니다. AP 과목을 수강했다고 해서 꼭 AP 시험을 봐야 하는 것도 아니고요. 그러니, 시점상 합격 결과가 나온 후 5월에 치르게 되는 AP 시험은 상황에 따라서 캔슬하거나 점수를 제출하지 않는 것도 가능합니다. 하지만 위에 언급한 이유로 AP 코스 수강은 꼭 하길 권합니다.

셋째, 시간 관리를 철저히 해야 합니다.
많은 학생들이 12학년 시작 전 여름 방학 동안 에세이에 대한 브레인스토밍과 아웃라인 작성을 계획하지만, 생각만큼 진도가 나가지 않는 경우가 많습니다. 8월 말 새 학기가 시작되면 대학 지원 작업이 본격적으로 시작되고, 학업과 병행해야 할 일이 급격히 늘어납니다. 특히 9월과 10월은 과제, 시험 준비, 에세이 작성, 원서 제출까지 겹치면서 학생들이 가장 바쁘고 힘든 시기가 됩니다. 이 시기를 효율적으로 관리하려면 미리 계획을 세워 체계적으로 시간을 분배하는 것이 필수적입니다.

Non-Academic
12학년은 자신이 속한 클럽이나 활동에서 책임감을 보여줄 수 있는 기회입니다. 클럽 회장으로 새로운 프로젝트를 시작하거나, 팀을 이끄는 역할을 맡아 성과를 만들어내세요.

9학년과 10학년에 시작한 프로젝트가 있다면, 이를 구체적으로 발전시켜 결과를 도출해야 합니다. 예를 들어, 음악에 열정이 있다면 개인 앨범을 제작하거나 지역 공연을 기획할 수 있고, 코딩에 관심이 있다면 앱 개발을 마무리하고 이를 대회나 공모전에 제출하는 것도 좋은 방법입니다.

Part 2.
미국 입시 파헤치기

Holistic Review란 무엇인가
- 육각형 인재 찾기

미국 대학 입시는 한국과는 상당히 다른 방식으로 이루어집니다. 많은 부모님들이 이 차이를 이해하는 데 어려움을 겪고 계신데요, 한국의 경우 내신과 수능이 주요 평가 기준인 반면, 미국에서는 Holistic Review(홀리스틱 리뷰)라는 접근 방식을 채택하고 있습니다.

홀리스틱 리뷰란 지원자의 학업 성적뿐만 아니라 전반적인 인성을 평가하는 방식을 의미합니다. 즉, 성적이나 시험 점수와 같은 객관적인 요소뿐만 아니라 지원자의 성격, 경험, 그리고 학교에 기여할 수 있는 잠재력도 중요한 평가 기준이 됩니다. 이러한 평가 방식은 단순히 하나의 분야에서 뛰어난 성과를 내는 것만으로는 충분하지 않으며, 다양한 능력을 갖춘 '육각형 인재'가 되어야 함을 의미합니다.

고등학교에서 받은 GPA(Grade Point Average)만 높다고 해서 Top 20 학교에 진학할 수 있는 것은 아닙니다. GPA는 홀리스틱 리뷰에서 고려되는 여러 기준 중 하나일 뿐입니다. GPA가 다소 낮더라도 다른 부분에서 뛰어난 성과를 보인다면 명문대학에 지원할 수 있는 가능성이 열려 있습니다. 일반적으로 고려되는 기준으로는 GPA, 수업 난이도, 표준화 시험 점수, 과외 활동, 추천서, 학교 프로필, 에세이, 지원 대학에 대한 관심 등이 있습니다. 각 대학마다 어떤 요소가 더 중요한지는 다를 수 있지만, 모든 요소에서 균형 잡힌 성과를 내는 것이 중요한 거죠. 예를 들어, 시카고 대학교의 경우 SAT 점수 범위는 하위 25%가 1,510점이고 상위 25%가 1,560점이지만, 합격한 학생 중 1,220점을 받은 학생도 있었습니다. 이처럼 점수 범위가 넓기 때문에, 지원서의 한 부분이 부족하더라도 다른 부분이 강렬하게 드러난다면 해당 학교에 적합하다는 점을 강조할 수 있습니다.

미국 대학 입시와 홀리스틱 리뷰를 이해하게 되면, 입시가 쉬우면서도 어려운 과제가 됨을 알 수 있습니다. 기억해야 할 점은 대학에 들어가는 공식이 하나만 있는 것이 아니라는 것입니다. 자신이 어떤 것을 좋아하고 어떤 것을 더 공부하고 싶은지 명확히 알고 그에 따라 행동한다면, 이러한 요소들이 지원서의 모든 부분에 잘 드러날 것입니다.

한눈에 보는 미국 대학 입시 전형의 종류

미국 대학 입시는 다양한 전형 방식으로 이루어져 있으며, 각 전형은 지원 시기와 조건, 그리고 결과 발표 방식에서 차이를 보입니다. 지금부터 대표적인 5가지 입시 전형과 그 장단점, 그리고 주요 학교별 지원 가능 전형에 대해 지금부터 알아보겠습니다.

1. Regular Decision(RD): 일반 전형

- 📅 지원 마감: 대부분 1월 초
- 📌 결과 발표: 3월 중순~4월 초
- ✔ 특징: 가장 일반적인 지원 방식으로, 대부분의 학생들이 RD 전형으로 지원합니다. 지원 수에 상관없이 복수 지원이 가능하기 때문에 여러 대학에 지원한 뒤 합격 결과와 Financial Package를 비교하여 최종 선택할 수 있습니다.
- ✔ 장점:
  - 충분한 시간을 가지고 원서를 준비할 수 있습니다.
  - 여러 대학의 결과를 확인한 뒤 최종 결정을 내릴 수 있습니다.
- ✔ 단점:
  - 복수 지원이다 보니 경쟁률이 상당히 높습니다.

2. Early Decision(ED): 조기 결정 전형

- 📅 지원 마감: 11월 초(ED I) / 1월 초 (ED II)
- 📌 결과 발표: 12월 중순 (ED I) / 2월 중순 (ED II)
- ✔ 특징: 특정 대학을 1순위로 선호하는 학생들에게 적합한 전형으로, 합격 시 해당 대학에 반드시 입학해야 하는 Binding(입학 의무) 조건이 있는 전형입니다. ED는 대학이 학생의 강한 의지를 확인하고자 마련된 전형으로, 일반적으로 경쟁률이 낮고 합격률이 높아지는 경우가 많습니다. 학교에 따라 ED I과 ED II 전형이 모두 있거나, ED I 전형만 있는 경우도 있으니, 지원하고자 하는 학교의 홈페이지를 잘 확인해 보는 게 중요합니다.

- ✔ 장점:
  - 입학을 원하는 학교에 우선순위를 두어 지원할 수 있습니다.
  - RD보다 경쟁률이 낮은 경우가 많습니다.

- ✔ 단점:
  - 합격 시 반드시 입학해야 하므로 다른 대학을 선택할 수 없습니다.
  - 한 대학에만 ED 지원이 가능하기 때문에 선택의 폭이 좁아집니다.
  - 여러 대학의 재정 지원 제안을 비교할 수 없어, 예산이 중요한 경우 부담이 될 수 있습니다.

- ✔ ED 전형이 적합한 경우
  - 특정 대학이 최우선 목표이며, 입학 의사가 확고한 경우
  - 지원 대학의 프로필에 맞는 강력한 학업 성취와 과외 활동 기록을 갖춘 경우
  - 재정 지원이 중요하지 않거나, 해당 대학의 지원금 정책이 충분히 만족스러운 경우

3. Early Action(EA): 조기 지원 전형

- 📅 지원 마감: 11월 초 혹은 11월 중순(대학에 따라 상이)
- 📌 결과 발표: 12월 중순
- ✔ 특징: 조기 지원이지만, 합격 후에도 반드시 해당 대학에 입학할 필요는 없습니다(Non-Binding). 여러 대학에 동시 지원이 가능합니다.
- ✔ 장점:
  - RD에 비해 입시 결과를 빨리 확인할 수 있습니다.
  - ED보다 자유롭고, EA를 받는 여러 대학에 동시에 지원할 수 있습니다.
- ✔ 단점:
  - 원서를 서둘러 준비해야 하므로 시간적 부담이 있을 수 있습니다
  - 단, 일부 상위권 대학의 Restrictive Early Action(REA) 전형은 다른 EA나 ED 전형에 동시 지원을 제한할 수 있으므로 주의해야 합니다.

4. SCEA / REA: 제한적 조기 지원 전형

- 📅 지원 마감: 11월 초
- 📌 결과 발표: 12월 중순
- ✔ 특징: Single-Choice Early Action(SCEA)은 Restrictive Early Action(REA)이라고도 불리며, 특정 대학에서 제공하는 조기 지원 전형 중 하나입니다. 이는 EA(조기 지원)와 ED(조기 결정)의 요소를 결합한 전형으로, 특정 조건 하에서만 여러 대학에 동시 지원

이 허용됩니다.

SCEA/REA는 비구속적(Non-Binding)이기 때문에, 합격 후에도 다른 대학의 결과를 기다리고 비교할 수 있습니다. 그러나 지원 가능 대학에 제한이 있기 때문에 전략적인 접근이 필요합니다.

✔ 제한적 지원:
- SCEA/REA 전형에서는 다른 사립 대학 Early Decision(ED) 또는 Early Action(EA)에 지원할 수 없습니다.
- 다만, 공립 대학 또는 Rolling Admission 전형에는 동시 지원이 가능합니다.
- 예를 들어, 하버드, 예일, 스탠퍼드와 같은 SCEA 대학에 지원하면서 공립인 UC(University of California)나 롤링인 미시간 대학교에 지원하는 것은 허용됩니다.

✔ 장점:
- 높은 합격률: RD에 비해 SCEA/REA 전형의 합격률이 높은 경향이 있습니다.
- 입학 의무 없음: 합격 후에도 다른 대학의 결과를 보고 최종 결정을 내릴 수 있습니다.
- 조기 결과 확인: 12월에 결과를 받아 입시 계획을 조정할 수 있습니다.

✔ 단점:
- 지원 제한: 다른 사립 대학의 EA 또는 ED 전형에 지원할 수 없기 때문에 선택의 폭이 좁아질 수 있습니다.

- 높은 경쟁률: SCEA/REA는 일반적으로 상위권 대학에서 제공하며, 지원자들의 경쟁이 치열합니다.
- 준비 시간 부족: 마감일이 11월 초로, 빠른 준비가 필요합니다.

5. Rolling Admission: 선착순 전형

📅 지원 마감: 학교별 상이(보통 9월~3월)

📌 결과 발표: 지원 후 2~4주 내

✔ 특징: Rolling Admission(롤링 전형)은 일정한 마감일 없이 대학이 지속적으로 지원서를 검토하고 합격자를 발표하는 방식입니다. 일반적으로 대학은 지원서가 접수되는 대로 평가를 시작하여, 합격 여부를 매우 빠르게 발표합니다.

✔ 장점:
- 결과를 빠르게 받을 수 있습니다.
- 일찍 지원할수록 합격 가능성이 높아집니다

✔ 단점:
- 늦게 지원하면 경쟁률이 높아지고, 인기 학과는 이미 마감될 수 있습니다.

왜 GPA가 중요할까?

GPA(Grade Point Average, 평점)는 대학 입시에서 가장 기본적이고 중요한 요소입니다. 사실 내셔널급의 훌륭한 EC를 가졌다 하더라도 기본적으로 어느 정도의 GPA가 충족되지 않으면 좋은 학교에 입학하기는 어렵죠.

그럼, 입학의 가장 기본이 되는 GPA를 미국 고등학교에서는 어떻게 계산하고, 또 대학 입시에서는 GPA가 어떻게 평가되는지에 대해 정확히 이해하는 것이 필요하겠죠? 그럼 지금부터 학부모님들께서 많이 물어보셨던 내용을 가지고 Q&A 형식으로 GPA를 이해해 보겠습니다.

Q. GPA가 정확히 뭔가요?
GPA는 학생이 학기 동안 받은 성적을 평균한 점수입니다. 일반적으로 4.0 만점의 점수로 표시되며, 일반적으로 A는 4.0, B는 3.0, C는 2.0, D는 1.0, F는 0으로 환산됩니다. 즉, 각 과목에서 받은 성적의 평균을 내어, 학생의 전반적인 학업 성취도를 수치화한 것이죠.

Q. GPA에서 Unweighted와 Weighted라는 말을 들어봤는데 어떻게 다른가요?
미국 고등학교에서는 두 가지 방식으로 GPA를 계산하는데, Unweighted GPA(비가중 GPA)와 Weighted GPA(가중 GPA) 방식이 있습니다.

Unweighted GPA(비가중 GPA): 모든 과목이 동일한 기준으로 평가됩니다. 즉, 과목의 난이도에 상관없이 A는 4.0, B는 3.0 등으로 계산되죠. 예를 들어, 일반 수학 클래스에서 A를 받아도 4.0, AP 수학 클래스에서 A를 받아도 Unweighted는 동일하게 4.0으로 계산됩니다. 만약 모든 과목에서 A를 받으면 과목의 난이도와 상관없이 4.0/4.0으로 표기가 되는 것이죠.

Weighted GPA(가중 GPA): 과목의 난이도에 따라 가중치를 부여하여 계산됩니다. AP(Advanced Placement)나 Honors 같은 고난도 과목에서 높은 성적을 받을 경우 더 높은 GPA가 부여됩니다. 예를 들어, 일반 과목에서 A는 4.0이지만, Honors 과목에서 A는 4.5, AP 과목에서는 5.0으로 계산될 수 있습니다. (학교에 따라 Honors와 AP 모두 A를 5.0으로 계산하기도 합니다) 나중에 설명하겠지만 미국 입시에서는 도전적인 과목을 수강하는 걸 매우 중요하게 생각하는데, 이런 어렵고 도전적인 과목을 수강한 학생에게 보상을 주기 위해 Weighted GPA가 사용되는 것이죠. 만약 학생의 수강 과목이 Regular, Honors, AP가 섞여 있다면, 모든 과목에서 A를 받아도 Weighted GPA는 5.0이 나오기 어렵겠죠.

Q. 왜 GPA가 그렇게 중요한가요?

사실 GPA는 학생의 학업 능력과 성실함을 보여주는 가장 직관적인 지표입니다. 왜냐하면 시험 한번 잘 봤다고 좋은 GPA를 받을 수 있는 게 아니기 때문이죠. 선생님들은 학기 초에 100점 만점이 어떻게 구성되는지 학생들에게 미리 얘기해 주는데, 보통은 숙제, 수업 참여도, 퀴즈, 유닛 테스트, 중간고사, 기말고사가 각각 포션을 가지고 100점 만점을 구성합니다. 중간, 기말만 잘 본다고 해서 A를 받을 수 있는 게 아니라, 매일의 숙제와 수업 참여(손 들고 말하는 거 세는 선생님도 계십니다), 일주일에 한두 번 있는 퀴즈, 몇 주마다 반복되는 유닛 테스트까지 성실함과 적극적인 수업태도를 기본으로 장착하고 여기에 학업 능력이 추가되어야 A를 받을 수 있는 구조인 거죠. GPA의 성격이 이러니 대학에서 당연히 가장 기본적으로 GPA를 볼 수밖에 없을 것 같죠?

또한, 대학은 학생의 GPA뿐만 아니라, 학생이 어떤 난이도의 수업을 들었는지를 매우 중요하게 평가합니다. Weighted GPA가 중요한 이유는, 학생이 도전적인 과목(영어로는 rigorous curriculum이라고 얘기하는데 보통 Honors, AP, IB 등 상위 커리큘럼을 말함)을 선택했는지 여부가 학생의 학업적 열정을 나타내기 때문인 거죠. 대학들은 단순히 높은 GPA를 가진 학생보다는, 어려운 과목을 수강하면서도 좋은 성적을 유지한 학생을 더 높이 평가합니다. 그게 바로 Weighted GPA를 보는 이유이고요.

Q. 그러면 좀 쉬운 고등학교에서 GPA를 잘 받는 게 입시에 더 유리할까요?
그러면 얼마나 좋겠습니까? 하지만 대학이 GPA만으로 학생을 평가하지 않기 때문에, 다음과 같은 요소들이 함께 고려된다고 알려져 있죠.

스쿨 프로파일(School Profile): 대학은 학생이 다니는 고등학교의 학업 수준도 평가합니다. 일부 학교는 매우 경쟁적이거나 엄격한 학업 기준을 가지고 있는 반면, 그렇지 않은 학교도 있죠. 그래서 원서 지원 시 학교 카운슬러를 통해 "스쿨 프로파일"이라는 것을 함께 제출하게 되어 있는데, 대학들은 이걸 가지고 학교의 성적 분포를 참고하여, 지원자의 GPA를 학교 내에서의 상대적인 성취도로 평가합니다. 비공식적인 얘기이기는 하지만, 고등학교 레벨도 대학에서 참고하고 있다는 얘기도 있고요.

성적의 추이: 고등학교 동안 학생의 성적이 상승하는지, 아니면 하락하는지도 중요한 평가 요소입니다. 대학들은 학생이 시간이 지남에 따라 성적이 향상되었는지, 어려운 시기를 어떻게 극복했는지를 살펴봅니다. 1학년 때 성적이 낮더라도, 이후 성적이 꾸준히 상승했다면 긍정적인 평가를 받을 수 있는 거죠. 그러니 1학년에 좀 안 좋은 성적을 받았다고 미리부터 입시를 포기하면 절대 안 됩니다!

지원서의 다른 요소와 일치 여부: GPA가 물론 중요하지만, 대학은 학생의 표준화 시험 점수(SAT, ACT, AP), 비교과 활동, 추천서, 자기소개서 등과 함께 GPA를 평가합니다. 예를 들어 수학 Honors를 듣고 A를 받은 학생이 SAT에서 수학 점수가 형편없이 낮았다면 대학이 당연히 이상하게 생각하겠죠?

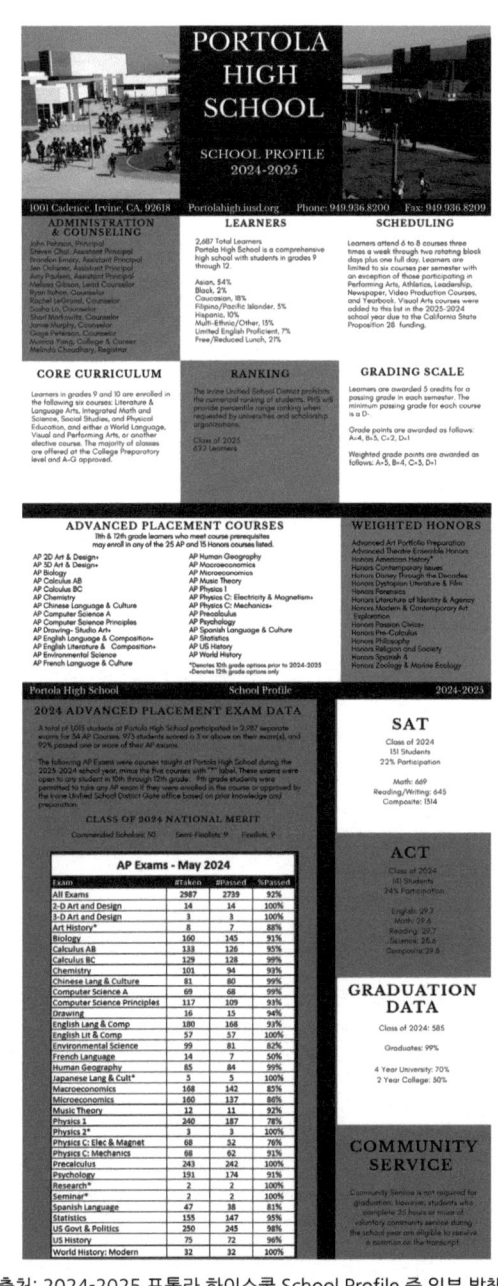

출처: 2024-2025 포톨라 하이스쿨 School Profile 중 일부 발췌

Q. GPA를 높일 수 있는 꿀팁 좀 주세요~

GPA는 무조건 일찍부터 전략적으로 관리하는 게 중요합니다. "어려운 과목을 들어야 한다더라"라는 카더라 통신 말고, "옆집 애는 이걸 듣는다던데…"라는 비교 말고, 내 아이한테 맞는 수준의 과목을 듣는 게 첫 번째입니다. 만약 수업이 너무 어려워서 따라가기 어렵다면 일정 기간 안에 그 수업을 드롭하거나 다른 수준의 수업으로 바꿀 수 있으니 아이한테만 맡겨 놓지 마시고, 꼭 아이와 잘 대화하며 관심을 가지고 지켜 보셔야 합니다. 이때 Aeries와 같은 학교 포털 시스템을 잘 활용해 보세요. 학교 포털 시스템에는 거의 실시간으로 아이의 과제 제출 여부, 유닛 테스트를 포함한 성적, 출결 및 지각 등이 업데이트되기 때문입니다.

먼저 현재 수준에서 좋은 성적을 유지해야, 나중에 스트레스 좀 덜 받으면서 고난도 과목에서 성적 관리하고 Weighted GPA를 높일 수 있습니다. 또 하나, 1학년 때부터 너무 난이도를 높여서 시작하면 4학년 1학기 때 에세이 스트레스 및 최강의 학업 난이도에 헉헉거릴 수 있으니 이것 또한 잘 고려해서 1학년을 시작하는 것도 참고해 보시면 좋을 것 같고요.

그리고, 학기 초에 선생님의 성향을 잘 파악하는 게 많은 도움이 됩니다. 당연히 친구들과 선배들을 통해 선생님의 성향을 파악하는 건 기본이고요, 여기에 아이 본인이 선생님이 좀 지엽적인 걸 시험에 내는 성향인지, 아니면 커다란 줄기를 강조하는지 학기 초 퀴즈나 유닛 테스트 때 잘 파악해보면 중간/기말을 잘 대처할 수 있겠죠.

마지막으로 하나 더 말씀드리면, 만약 아이가 너무 힘들어한다면 잠시 동안 튜터의 도움을 받는 것도 고려해 보시기 바랍니다. 아이가 공부의 방향을 잘 잡지 못하고 있는 경우 튜터가 도움이 될 수 있고, Facebook이나 Nextdoor에서 아이가 다니고 있는 고등학교를 졸업한 공부 좀 하는 선배를 찾아 도움 받는 것도 방법이 되겠죠. 요새는 온라인으로 수업도 많이 하니 아이에게 도움이 되는 좋은 튜터를 찾는 방법은 얼마든지 있을 겁니다.

미국 입시에서
GPA는 어떻게 계산될까?

미국 대학 입시를 준비하다 보면, 우리 아이 성적(GPA)이 대학에서는 어떻게 평가될지 궁금해지죠. 특히 미국에는 2024년 현재 약 2만 7천 개의 고등학교가 있고 각 학교마다 성적을 계산하는 방식이 제각각입니다. 어떤 학교는 A, B, C 같은 알파벳 성적을 주고, 또 어떤 학교는 100점 만점으로 점수를 매기죠. 거기다 AP, Honors 과목에 가중치를 주는 학교도 있고, 그냥 모든 과목을 같은 기준으로 성적을 내는 학교도 있습니다.

게다가 요즘 학생들은 한 학교가 아닌 여러 학교나 대학에서 과목을 듣기도 해서 성적표가 더 복잡해지곤 합니다. 이렇게 다양한 성적 산출 방식을 고려하다 보니, 대학들은 지원자들을 공평하게 평가하기 위해 GPA를 재계산해서 본다고 해요. 즉, 고등학교 성적표에 나온 GPA가 그대로 대학 입시에 반영되는 게 아니라, 대학이 알아서 학생을 비교하기 쉽게 다시 계산하는 거죠. 단, 재계산 방식은 대학별로 다릅니다.

예를 들어, UC는 지원자가 직접 성적과 과목을 온라인으로 입력하게 하고, GPA를 재계산할 때 Honors, AP 과목에 가중치를 부여해요. 예를 들어, A 성적은 5점, B 성적은 4점으로 변환하는 식으로 말이죠.

그리고 Common App을 사용하는 대학들은 거의 모든 경우, 학생이 다녔던 학교들의 성적표를 요구해요. 또, 일부 대학은 Courses and Grades 섹션을 작성하거나, Self-Reported Academic Record(SRAR)라는 성적 기록을 제출하게 해서 GPA를 다시 계산하죠. 이때도 Honors, AP, 대학 과목에 대해 가산점을 부여해 GPA를 조정해서 학생의 학업 성취를 종합적으로 평가합니다.

GPA 재계산에 대한 팁!

그렇다면 대학 지원을 할 때 어떤 점을 신경 써야 할까요?

먼저 성적표 준비는 철저하게 해주세요. 요새는 아이들이 고등학교를 다니면서 온라인으로 수업을 듣기도 하고, 커뮤니티 칼리지에서 수업을 듣기도 하잖아요, 만약 우리 아이가 이렇게 여러 학교를 다녔다면 각 학교의 성적표를 준비하는 걸 잊지 마세요! 학교별로 모두 기록해 주어야 합니다.

대학교별 가중치 부여 기준을 확인해 주세요. 위에 예시를 들었듯이 각 대학마다 GPA를 다시 계산할 때 가중치를 부여하는 방식이 조금씩 다를 수 있어요. 특히 AP, Honors, 대학 과목을 들은 경우, 그에 따른 가산점을 받을 수 있는지 미리 알아보는 것이 좋아요.

미국 대학마다 GPA를 재계산하는 방식이 조금씩 다르지만, 공통적인 목표는 학생을 좀 더 공정하게 비교하려는 데 있다는 점! 대학별로 미리미리 요구 사항을 잘 확인해 두면 입시 준비에 큰 도움이 될 겁니다.

대학 랭킹을 맹신하면 안 되는 이유

매년 미국 내 많은 기관들이 대학 랭킹을 발표하며, 이를 통해 학생들은 자신에게 가장 적합한 대학을 선택하는 데 참고할 수 있습니다. 이들 랭킹은 보통 졸업률, 학생들의 유지율(retention rate), 교수진을 포함한 학교 리소스(faculty resource), 연구 환경 등 다양한 요소를 종합적으로 고려하여 평가되는데, 이러한 요소들은 학교의 교육 수준과 학생들의 학문적 경험을 간접적으로 보여주는 지표로 활용됩니다.

그중에서도 U.S. News & World Report(이하 U.S. News)는 가장 공신력 있는 대학 랭킹을 발표하는 기관으로 널리 알려져 있습니다. U.S. News는 졸업률, 입학생의 학업 성취도, 교수 대비 학생 수, 재정적 자원 등의 세부적인 데이터를 바탕으로 랭킹을 산출합니다. 특히 졸업률과 학생 유지율은 학교의 교육 품질을 가늠하는 중요한 지표로 평가받고 있으며, 이는 학생들이 학교에서 얼마나 잘 지원받고 있는지를 나타내기 때문입니다. 아래는 올해 U.S. News에서 발표된 2024-2025 미국 종합 대학교 Top 10 랭킹과 리버럴 아츠 칼리지 Top 5 랭킹이니 한번 참조해 보시기 바랍니다.

2024-2025 U.S. News Best National Universities Rankings

1. Princeton University(Princeton, NJ)
2. Massachusetts Institute of Technology(Cambridge, MA)
3. Harvard University(Cambridge, MA)
4. Stanford University(Stanford, CA)
5. Yale University(New Haven, CT)
6. Johns Hopkins University(Baltimore, MD)
   California Institute of Technology(Pasadena, CA)
   Duke University(Durham, NC)
   Northwestern University(Evanston, IL) – 이상 공동 6위
10. University of Pennsylvania(Philadelphia, PA)

2024-2025 U.S. News Best Liberal Arts Colleges Rankings

1. Williams College(Williamstown, MA)
2. Amherst College(Amherst, MA)
   Swarthmore College(Swarthmore, PA) – 이상 공동 2위
4. Pomona College(Claremont, CA)
   Bowdoin College(Brunswick, ME) – 이상 공동 4위

랭킹은 분명 대학 결정의 참고 자료가 될 수 있습니다. 하지만, 랭킹은 어디까지나 참고용이며, 대학의 랭킹보다는 자신이 원하는 전공의 랭킹, 진로 목표 등이 더 중요할 수 있습니다. 특정 전공에 대해 관심이 많다면, 해당 분야

에의 교수진과 교과과정, 리서치, Co-op 프로그램 등을 살펴보고 그곳에서 어떻게 자신을 성장시킬 것인지가 더 중요한 결정 요소이니까요.

또 하나, 미국에서 중요한 것은 학부 학력이 아니라 경력입니다. 미국의 기업이나 기관들은 입학한 대학의 랭킹보다는, 졸업 후에 해당 학생이 어떤 활동을 했고, 어떤 경험을 쌓았는지에 더 큰 비중을 둡니다. 랭킹이 높은 대학을 다니는 것만으로는 성공을 보장할 수 없으며, 낮은 랭킹의 대학에서도 뛰어난 경력을 쌓는 것이 더 중요한 경우가 많습니다. 실습, 인턴십, 리더십, 프로젝트 참여 등 대학 내 활동을 어떻게 활용하느냐가 성공의 열쇠가 될 수 있습니다.

Demonstrated Interest (대학에 관심 표현)의 중요성

자녀가 대학 지원 과정을 시작하면서 자주 듣게 될 용어 중 하나가 Demonstrated Interest(대학에 관심 표현)입니다. 많은 부모님들이 GPA, 시험 점수, 과외 활동과 같은 기본적인 대학 입시 요소는 잘 알고 계시지만, 관심 표현은 다소 생소할 수 있습니다. Demonstrated Interest는 말 그대로 특정 대학에 진심으로 관심이 있다는 것을 증명하는 것입니다. 이는 단순히 학교에 대한 관심을 넘어, 지원 과정 전반에 걸쳐 적극적으로 참여하는 것을 포함합니다. 대학들은 이 관심을 여러 가지 방법으로 추적합니다.

대학들은 지원자가 입학 허가를 받았을 경우 그 학교에 다닐 의사가 얼마나 있는지를 판단하기 위해 관심 표현을 중요하게 여깁니다. National Association for College Admission Counseling의 조사에 따르면, 약 15.7%의 대학이 입학 과정에서 관심 표현을 상당히 중요한 요소로 간주합니다. 특히 인기가 많은 프로그램의 경우, 유사한 학업 자격을 가진 지원자들 사이에서 차별화를 두기 위해 관심 표현이 중요할 수 있습니다.

관심 표현은 어떻게 측정되나요?

대학들은 다양한 방법으로 관심 표현을 추적합니다.

- 캠퍼스 방문: 대학들은 방문 등록, 참석, 취소 및 노쇼 여부를 기록합니다. 만약 자녀가 예정된 방문에 참석할 수 없다면, 미리 알려주는 것이 좋습니다. 대면 방문이 이상적이지만, 많은 대학들이 이제 온라인 투어도 제공하므로 가능하다면 온라인으로 캠퍼스 투어를 하는 것이 좋습니다.

- 고등학교 방문 및 대학 박람회: 입학 담당자들이 고등학교와 대학 박람회를 방문하여 잠재적인 학생들과 연결됩니다. 보통 지역 대학 박람회에는 여러 대학교에서 각 지역 담당 입학사정관들이 오고, 이 입학사정관들이 나의 원서를 읽을 분일 수도 있으니 네트워킹하면 도움이 될 수 있습니다.

📌 Gio's Tip

관심 표현의 실제 사례

제 친구 중 한 명은 대학 페어에서 노트르담 대학교의 입학사정관과 대화를 나누며 학교의 독특한 프로그램에 대해 질문했고, 자신이 왜 그 학교와 잘 맞을 것 같은지를 이야기했어요. 알고 보니, 그 입학 담당자는 해당 지역을 담당하는 사람으로, 이후 제 친구의 지원서를 읽게 될 분이였죠. 서로 이메일을 주고받으며 처음 만난 이후로도 관계를 이어갔고, 캠퍼스를 방문했을 때 다시 그 입학사정관을 만나 질문을 나누고 자신의 열정을 보여주었습니다. 결국, 제 친구는 합격 소식을 받았고, 그 편지에는 그 입학 담당자가 직접 쓴 축하 메시지도 포함되어 있었답니다.

입학 담당자는 단순히 지원서를 심사하는 사람이 아니라, 여러분의 성공을 돕고 싶어 하는 사람들입니다. 대학 페어나 캠퍼스 방문에서 만난 후, 감사 이메일을 보내며 대화를 이어가는 것은 Demonstrated Interest를 보여줄 수 있는 좋은 방법입니다.

위의 사례를 보면, 첫 만남 이후 감사 이메일을 보낼 때 두 사람의 대화 내용을 구체적으로 언급했습니다. 감사 이메일은, 단순히 형식적인 감사 메시지가 아니라, 자신이 정말로 대화를 소중히 여겼고 학교에 진지한 관심이 있다는 것을 보여준 것입니다. 이러한 작은 노력이 입학 담당자와의 연결을 강화하는 데 큰 역할을 한 것이죠.

International Student (국제학생)가 입시에 불리한 이유

미국 대학에 지원할 때 국제학생(International Students)과 국내학생(Domestic Students. 시민권자 및 영주권자)의 차이를 이해하는 것이 중요한데요, 두 그룹은 입학 경쟁, 입학 풀, 입학률, 재정 지원 등 여러 가지 면에서 차이가 있을 수 있습니다.

입학 경쟁, 입학 풀, 입학률

학교별 공식 자료인 Common Data Set(CDS)을 보면 각 학교별로 Admission Statistics가 나와있는데요, 예를 들어 아래 MIT의 Class of 2028을 보면(2028년도에 졸업하는 학생그룹을 Class of 2028이라고 부릅니다) Domestic applicants의 입학허가 비율은 5.4%인 반면, International applicants의 입학 허가 비율은 1.9%에 불과한 것을 알 수 있습니다.

U.S. citizens/permanent residents

Applied	21,515
Admitted	1,155

International students

Applied	6,717
Admitted	129

출처: MIT 홈페이지 Admission Statistics 중 일부 발췌.
(https://mitadmissions.org/apply/process/stats/)

국제학생은 국내학생에 비해 입학 풀의 크기가 작고, 국제학생을 선발하는 데 있어 각 학교는 매우 제한된 수의 자리를 제공합니다. 이는 국제학생이 미국 내외에서 교육을 추구하는 수가 많기 때문에, 경쟁이 치열하다는 것을 의미하죠. 또한, 많은 대학들이 국제학생 비율을 일정하게 유지하려는 목표를 갖고 있기 때문에, 지원하는 국제학생 수가 급증하는 시기에는 경쟁이 더욱 심해질 수 있습니다.

또한, 국제학생들은 종종 추가적인 조건들, 예를 들어 토플과 같은 영어 능력 시험 점수나 비자 발급 등을 충족해야 하므로, 이들에 대한 입학 기준은 더 높을 수 있습니다.

참고로, 아래 표는 US News가 발표한 Top 10 학교의 2024년도 CDS를 바탕으로 국내학생과 국제학생이 실제 학교에 등록한 숫자를 표로 정리한 것인데요, 보시면 국내학생의 비율이 88.2%, 국제학생의 비율이 약 11.8%인 것을 알 수 있습니다.

Rank	School	Applicants	Admitted	Enrolled	US	International
	2024 TTL	925,554	62,622	43,342	37,095	4,974
					88.2%	11.8%
1	Princeton University			1,366	1,154	212
					84.5%	15.5%
2	MIT	28,232	1,284	1,102	981	121
			4.5%	85.8%	89.0%	11.0%
3	Harvard University	54,008	1,974	1,647	1,644	330
			3.7%	83.4%	83.3%	16.7%
4	Stanford University			1,705	1,466	239
					86.0%	14.0%
5	Yale University	46,905	2,158	1,789	1,574	215
			4.6%	82.9%	88.0%	12.0%
6	CalTech	13,863		222	184	38
					82.9%	17.1%
6	Duke University	49,476	3,117	1,743	1,499	244
					86.0%	14.0%
6	Johns Hopkins University	38,294		1,306	1,123	183
					86.0%	14.0%
6	Northwestern University	52,233	3,761	2,112	1,890	222
			7.2%	56.2%	89.5%	10.5%
10	University of Pennsylvania	65,236		2,396	2,037	359
					85.0%	15.0%

U.S. New 대학별 2024년도 CDS를 바탕으로
국내학생과 국제학생이 실제 학교에 등록한 숫자 정리.
원본 데이터 출처 (https://www.usnews.com/best-colleges/rankings/national-universities)

풀 페이(Full-pay) 및 재정 지원(Financial Aid)

미국의 많은 대학들은 국제학생에게는 제한된 재정 지원만을 제공하며, 대부분은 풀 페이(Full-pay) 상태로 입학하는 경우가 많습니다. 풀 페이 학생이란 대학에 입학할 때 학비와 관련된 재정 지원(Financial Aid)을 전혀 받지 않고, 전액 자비로 학비를 부담하는 학생을 의미하는데요, 국내학생들은 FAFSA 또는 CSS Profile을 통해 다양한 형태의 재정 지원을 받을 수 있는 반면, 국제학생들은 대부분 이러한 혜택을 받을 수 없습니다.

일부 재정이 좋은 탑 사립 대학은 국제학생들에게도 특정 장학금을 제공하기도 하지만 제한적이기 때문에, 국제학생들은 학비 부담을 줄이기 위해 외부 장학금 또는 다른 재정 지원을 찾아야 하는 게 현실이죠.

아래는 Top 50개 학교 중 국제학생에 장학금을 지원하는 학교들이니, 국제학생이라면 참고해 보시기 바랍니다.

- 스탠포드 대학교는 Knight-Hennessy Scholars 프로그램을 통해 대학원생에게 전액 장학금을 제공합니다.

- 예일 대학교는 국제학부생을 대상으로 Need-based 장학금을 제공합니다.

- 하버드 대학교는 재정 지원이 필요한 국제학생에게 Need-based 장학금을 제공합니다.

- 시카고 대학교는 Stamps Scholarship을 통해 전액 장학금을 제공합니다. 이 장학금은 학비, 기숙사비, 식비 등을 포함하며, 학업을 지원하는 추가 활동(예: 해외 유학)에 필요한 경비도 지원합니다.

이 외에도 미네소타 대학교, 베레아 대학교, 오리건 대학교 등은 다양한 국제학생 장학금을 제공하고 있으며, 일부는 전액 지원을 제공하기도 합니다. 관심 있는 학교들을 리스트 업하시고 미리 준비하시기 바랍니다.

대학에 대해
정밀 조사하는 방법

우리 모두 하버드에 가고 싶죠. 그런데 왜 하버드인가요? 단순히 랭킹이 높아서? 아니면 그냥 좋아 보여서? 사실 깊이 생각해보면 구체적인 이유가 딱 떠오르지 않을 때가 많습니다. 그렇다면 또 다른 명문대인 프린스턴은요? 왜 프린스턴이 아니라 하버드에 가고 싶은 걸까요? 이런 질문들을 던지다 보면, 단순히 학교 이름만 보고 선택하는 것이 아니라 그 학교만의 특성과 분위기를 제대로 조사해야 한다는 것을 알게 됩니다.

대학 정보를 어떻게 조사해야 할까?
학교 웹사이트에서는 공식적인 정보들을 확인할 수 있습니다. 하지만 학교들이 제공하는 정보는 겉보기엔 모두 비슷해 보일 수 있습니다. 진정으로 대학에 대해 깊이 이해하려면 그 학교 커뮤니티와 실제로 다니는 학생들의 이야기를 들어보는 것이 중요합니다. 예를 들어, 고등학교 선배 중에 내가 관심 있는 대학에 진학한 사람이 있다면 그들과 연결해 학교 분위기나 경험에 대해 물어볼 수 있습니다.

또한, 미국에는 Reddit이라는 큰 커뮤니티 플랫폼이 있는데, 여기서 학생들의 솔직한 리뷰를 많이 찾아볼 수 있습니다. 아니면 LinkedIn을 활용해 내가 관심 있는 학교를 다니는 학생들을 찾아 직접 질문을 던져볼 수도 있습니다. 이런 다양한 방법들을 통해 공식 자료로는 알기 어려운 학교의 실제 모습을 알아갈 수 있습니다.

📌 Gio's Tip

아이비리그 학교들의 특징

다음은 제가 미국에서 초·중·고를 다니며 입시를 경험하고, 다양한 대학에 다니는 친구들과 나눈 이야기들을 바탕으로 정리한, 아이비리그 학교들에 대한 첫인상입니다. 물론 학교마다 다 다르고 사람마다 느끼는 점도 다르겠지만, 아래의 내용이 여러분이 학교를 이해하는 데 작은 도움이 되길 바랍니다.

- 하버드: 다양하고 뛰어난 학생들이 모여 있으며 기회가 많습니다. 하지만 '엘리트주의(Elitist)'라는 이미지도 있습니다. 대학원생 수가 학부생보다 많다는 점도 특징입니다.

- 프린스턴: 아이비리그 중에서도 학업적으로 가장 rigorous하다는 평을 받습니다. 특히 예술(미술, 음악, 연극)에 관심 있는 학생들이 많습니다. 다른 학교들과 달리 학부생에게 집중적인 지원을 제공합니다. 전통적이고 학문 중심의 분위기가 강합니다.

- 예일: 커뮤니티를 중시하며, 정치적으로 활발한 학생들이 많습니다. 학교에 대한 강한 소속감이 느껴지는 분위기가 특징입니다.

· 컬럼비아: 뉴욕 시내에 위치해 있어 별도의 캠퍼스라는 느낌이 약합니다. Activism이 활발하며, 공부 강도가 높은 편입니다. Core Curriculum이라는 필수 과정이 특징입니다.

· 브라운: 자유롭고 열린 사고방식을 가진 학생들이 많으며, 리버럴한 분위기가 강합니다.

· 코넬: 각 단과대학에 따라 분위기가 다릅니다. 전반적으로 학업 강도가 높고 스트레스가 많은 환경이라는 평이 많습니다.

· 다트머스: 작고 학부생 중심의 문화가 강합니다. 아이비리그 중에서도 리버럴 아츠 칼리지의 느낌이 나는 학교입니다.

· 유펜(Penn): Liberal arts와 community service를 중요시하며, 파티 문화도 활발합니다. Pre-professional 경향이 강하며, 워라밸이 잘 갖춰져 있는 편입니다.

실전 입시 타임라인

대학 지원을 위한 원서 준비는 대부분 11학년이 끝난 여름방학부터 시작해서 1월까지 진행되며, 각 달마다 해야 할 일들이 있습니다. 그동안 준비해온 모든 것들의 퍼즐을 맞추는 중요한 시기인 만큼 하나라도 놓치지 않도록, 월별로 준비해야 할 주요 사항들을 정리해 보았습니다.

여름방학 ~ 9월: 대학 목록 확정 및 지원 전략 수립

- 대학 목록 확정: Reach, Match, Safety를 구분해서 지원할 대학들을 리스트 업하고, 지원하려는 대학들의 요구사항, 전공, 캠퍼스 문화 등을 고려하여 목록을 좁힙니다. 엑셀 파일을 만들어 관리하면 편합니다. 그리고, 입시용 이메일 계정은 따로 만들어 사용하는 것이 편리합니다. 이렇게 하면 기존에 사용하던 개인 이메일과 입시 관련 이메일이 섞이지 않아 관리하기 쉬워집니다.

- 대학 지원 방법 확인: 지원할 학교들이 Common App, Coalition App, UC Application, 자체 홈페이지에서 지원 등 어떤 시스템을 사용하는지 확인하고, 각 학교의 지원 마감일을 체크합니다.

- 에세이 주제 선정 및 초안 작성 시작: 많은 대학들이 추가 에세이를 요구

하므로 자신이 쓸 수 있는 주제를 구상하고, 초안을 작성합니다. 대학 목록이 확정되었다면 대학별로 요구하는 추가 에세이를 비슷한 주제별로 묶어 분류해 놓으면 에세이를 작성하는 게 좀더 수월합니다.

· SAT/ACT: 아직 SAT나 ACT를 본 적이 없거나 성적을 올려야 할 경우 9월에 학기가 시작되면 정말 정신없이 바쁘니 여름방학을 적극 활용합니다.

9월: 에세이 작성 및 추천서 요청

· 에세이 작성: 커먼 앱에 공통으로 들어가는 에세이인 Personal Statement의 초안을 작성하고, 다양한 피드백을 받아 수정합니다. 피드백은 학교 선생님이나 멘토, 친구들에게 다양하게 받아볼 수 있습니다.

· 추천서 요청: 교사나 추천인들에게 추천서를 요청하고, 필요한 자료를 제공하여 원활하게 작성될 수 있도록 합니다. 추천서를 공들여 쓰려면 시간이 걸리고, 많은 학생들이 추천서를 요청하기 때문에, Early Decision(ED) 지원을 준비하는 학생이라면 적어도 9월 초까지는 교사나 멘토에게 추천서를 요청하는 것이 좋습니다.

· 지원서 작성: Common App이나 학교별 지원서에서 요구하는 기본 정보 입력을 시작합니다.

10월: ED 지원서 제출 준비

· 지원서 작성: Common App이나 학교별 지원서에서 요구하는 기본 정보 입력을 마무리합니다.

- 피드백을 바탕으로 Personal Statement를 수정 작업하여 마무리합니다.

- 시험 결과 제출: SAT/ACT 성적이 부족하다고 느끼면 시험을 응시하고, 공식 성적을 대학에 제출합니다.

- ED 지원 학교의 서플 에세이(supplemental essay, 추가 에세이)를 준비해서 지원합니다. (ED 1 지원 마감은 보통 11/1일입니다)

- FAFSA 신청을 합니다. (2024년도 FAFSA 시스템이 업데이트되면서 12/1일에 열렸는데, 보통은 10/1일에 열립니다)

12월: ED 2 및 RD 지원서 제출 준비

- ED 2 지원서 제출: 12월 중순이면 ED 1의 결과가 발표됩니다. 이후 ED 2가 시작되니 마감일에 맞춰 에세이를 작성하고 지원서를 제출합니다. (ED 2 마감일은 대학마다 상이합니다)

- 에세이: Regular Decision(RD) 지원 학교의 서플 에세이를 주제별로 분류해서 작성하고 문법, 내용 등을 점검하고 리뷰를 받아 마무리 합니다.

- 최종 점검: 1월 초 RD 지원을 위해 지원서가 정확히 작성되었는지, 필요한 서류가 빠짐없이 제출되었는지 확인합니다.

- 학교 기말고사: 12학년 1학기 성적은 RD에 기재되므로 12월 기말고사에 최선을 다해야 합니다.

1월: ED 2 및 RD 지원

- ED 2 및 RD 지원서 제출: 1월 초에 RD 지원서를 제출합니다. 대부분의 대학의 마감일은 1월 1일 또는 15일입니다. ED 2 마감이 1월인 학교들이 있습니다. 마감일 확인해서 늦지 않게 지원합니다.

- 서류 제출: 성적표, SAT/ACT 성적, 에세이, 추천서 등이 누락되지 않도록 제출을 마칩니다.

- 추가 시험: 만약 마지막 기회로 SAT/ACT 추가 시험을 응시해야 한다면, 이 시기에 준비합니다. 점수는 추후에 학교 측에 업데이트 가능합니다.

- 사립을 지원한다면 재정 지원을 위해 CSS Profile을 작성하고 IDOC를 통해 해당 서류를 업로드합니다.

- Merit-based Scholarship을 신청하는 경우 추가적인 에세이가 있으니, 준비해서 대학 지원 시 함께 냅니다.

- 대학으로부터의 통지 확인: 일부 대학에서 추가 서류를 요청하거나 지원 상태를 확인하는 연락을 받을 수 있습니다. 혹시나 이런 연락들이 스팸이나 광고로 분류되어 들어가 있지는 않은지 수시로 확인해야 합니다.

- 학업 성적 보고: 일부 학교에서는 12학년 1학기 성적을 요구하는 학교도 있습니다. 카운슬러를 통해 official transcript가 제출되어야 합니다.

3월-5월: 합격 통지 및 등록 준비

- 합격 통지: 3~4월 대학에서 합격 여부를 발표합니다.

- Final Decision: 여러 학교에서 합격했을 경우, Financial Aid Package 비교 및 대학 방문을 통해 최종적으로 등록할 학교를 결정하고 디파짓을 납부합니다. (5/1일까지 학교를 최종 결정합니다)

- 최종 결정한 학교에 SAT/ACT 공식 점수를 오피셜 사이트를 통해 리포트 합니다.

6월~7월: 대학 입학 준비

- 대기자 명단에서 추가 합격이 이루어질 경우, 해당 학교에 등록할지 결정해야 합니다. 만약 추가 합격된 다른 학교로 진학을 선택한다면, 일전에 학교 결정 및 디파짓을 납부했던 곳에 이를 통보해야 합니다. 단, 이 경우 기존에 납부한 디파짓은 환불되지 않습니다.

- 기타 행정적 준비: 학생 비자, 기숙사, 밀플랜(학교 식당 이용권), 학생보험, 장학금 수락 등 학교 입학에 필요한 준비 사항을 처리합니다.

8월~9월: Move-in

- Semester System의 학교는 보통 Move-in Date가 8월 중순이며, Quarter System의 학교는 9월 초/중순입니다.

- 학교에서 Move-in Date에 대한 구체적인 안내를 제공합니다. 학생들이

몰리는 걸 방지하기 위해 시간도 예약하게 되어 있고요. 물품은 보통 어떤 게 반입이 허용되고 어떤 게 안 되는지에 대한 가이드가 나오니 이에 따라 준비하시면 됩니다. 기숙사는 Move-in 날짜 전에 이미 배정되며, 그에 따라 정확한 주소도 확인할 수 있습니다. 따라서, 미처 준비하지 못한 물품들이 있다면, 아마존(Amazon)이나 타겟(Target) 등에서 온라인 주문을 통해 직접 학교로 배송할 수 있습니다.

Part 3.
학업은 기본

Advanced Placement(AP)
- 고등학교에서 대학교 수준
수업 듣기

Advanced Placement(AP) 시험은 College Board에서 주관하는 프로그램으로, 다양한 학문 분야에서 고등학생들이 대학 수준의 학업을 경험할 수 있도록 설계되었습니다. 매년 5월에 시행되며, 학생들은 자신이 공부한 과목에 대해 시험을 응시할 수 있습니다. 시험은 과목마다 다르지만 보통 객관식과 주관식으로 구성되어 있으며, 1점에서 5점까지 점수를 받게 됩니다. 3점 이상은 대학에서 학점으로 인정되는 경우가 많아 학업 부담을 줄이는 데도 유용합니다.

미국 대학 입시를 준비하는 학생들에게 AP 시험은 더 이상 선택이 아닌 필수로 여겨지고 있는데요. 요새 최상위권 대학을 목표로 하는 학생들은 12~14개 정도의 AP 과목을 이수하고 있고 숫자는 점점 늘어나고 있는 추세입니다.

AP 과목 선택과 전략

학교마다 제공하는 AP 과목의 수와 종류는 다르며, 학교의 커리큘럼에 따라 특정 과목만 제공되기도 하는데요, 이는 학교의 School Profile에서 어떤 AP 과목들이 제공되고 있는지 확인 가능합니다.

예를 들어, AP Biology나 AP Chemistry와 같은 과학 과목, AP US History나 AP World History와 같은 역사 과목, 그리고 AP Calculus AB/BC와 같은 수학 과목은 기본적으로 많은 아이들이 수강하기 때문에 대부분의 학교에서 제공됩니다. 하지만 AP Statistics만 해도 제공되지 않는 학교도 있죠.

일단, AP 과목을 선택할 때는 자신의 관심 분야와 진로 목표를 고려하는 것이 중요합니다. 예를 들어, STEM 분야에 관심이 있다면 AP Physics, AP Calculus, AP Computer Science와 같은 과목을, 반면, 인문학이나 사회과학에 관심이 있다면 AP English Literature, AP US Government, AP Psychology와 같은 과목을 필수로 선택하여 수강하는 것이 유리합니다.

School Profile의 활용

원서 접수 시 학생은 재학 중인 고등학교의 School Profile을 제출하게 되어 있는데요, 여기에는 고등학교는 학교의 학업적 성과를 보여주는 내용들이 담겨있습니다. 위에서 언급한 것처럼, 학교에서 제공하는 AP 과목 리스트, AP 시험 응시자 수와 합격률, 평균 점수 등이 포함되어 있죠.

Exam	#Taken	#Passed	%Passed
All Exams	2987	2739	92%
2-D Art and Design	14	14	100%
3-D Art and Design	3	3	100%
Art History*	8	7	88%
Biology	160	145	91%
Calculus AB	133	126	95%
Calculus BC	129	128	99%
Chemistry	101	94	93%
Chinese Lang & Culture	81	80	99%
Computer Science A	69	68	99%
Computer Science Principles	117	109	93%
Drawing	16	15	94%
English Lang & Comp	180	168	93%
English Lit & Comp	57	57	100%
Environmental Science	99	81	82%
French Language	14	7	50%
Human Geography	85	84	99%
Japanese Lang & Cult*	5	5	100%
Macroeconomics	168	142	85%
Microeconomics	160	137	86%
Music Theory	12	11	92%
Physics 1	240	187	78%
Physics 2*	3	3	100%
Physics C: Elec & Magnet	68	52	76%
Physics C: Mechanics	68	62	91%
Precalculus	243	242	100%
Psychology	191	174	91%
Research*	2	2	100%
Seminar*	2	2	100%
Spanish Language	47	38	81%
Statistics	155	147	95%
US Govt & Politics	250	245	98%
US History	75	72	96%
World History: Modern	32	32	100%

출처: 2024-2025 포톨라 하이스쿨 School Profile 중 일부 발췌

위의 사진은 캘리포니아 얼바인에 위치한 포톨라 하이스쿨(공립)의 2024-2025 스쿨 프로파일 중 AP가 나와 있는 일부를 발췌한 것인데요, 이를 보시면 스쿨 프로파일은 학생들에게 매우 중요한 정보를 제공하고 있다는 것을 알 수 있습니다. 각 학교가 제공하는 AP 과목 목록과 함께, 해당 과목의 응시자 수, Pass 비율 등도 확인할 수 있기 때문에, 학생들이 자신의 관심 분야와 학업 계획에 맞는 과목을 선택하는 데 큰 도움이 됩니다.

예를 들어, 학교가 제공하는 AP 과목을 보고, 내가 관심 있는 전공과 관련된 과목을 우선적으로 고려할 수 있습니다. 또한, Pass 비율을 살펴보면, 특정 과

목이 얼마나 어려운지, 학생들이 이 과목을 성공적으로 수료할 가능성이 어느 정도인지를 파악할 수 있습니다. 이는 자신의 학업 전략을 세울 때 중요한 지표가 될 수 있습니다. 예를 들어, 과목별 Pass 비율이 높다면 그 과목에 대한 자신감을 가질 수 있고, 반대로 Pass 비율이 낮다면 추가적인 준비가 필요할 수 있다는 점을 염두에 두고 전략을 세울 수 있겠죠.

AP 시험 일정

AP 시험은 일반적으로 5월 첫 번째 주에 시작되어 두 번째 주까지 진행됩니다. 각 과목의 시험 날짜는 College Board에서 미리 발표하며, 시험은 보통 월요일부터 금요일까지 진행되고, 미리 공지된 시간에만 치러지므로, 날짜와 시간을 반드시 확인해야 합니다.

시험 신청 및 캔슬, 날짜 확인 등은 모두 AP 시험 주관 기관인 College Board에서 확인 가능합니다.
(https://ap.collegeboard.org/)

AP 시험 시간 및 결과

AP 시험은 과목에 따라 시험 시간이 상이하지만, 보통 3시간 정도 걸립니다. 예를 들어, AP Calculus와 같은 수학 시험은 약 3시간 동안 객관식과 주관식 문제를 풀게 되며, AP Chemistry와 같은 과학 시험은 더 길어질 수도 있습니다. 각 과목의 정확한 시간은 위에 링크 걸어드린 College Board에서 확인할 수 있습니다.

시험 결과는 당일에 나오지 않고, 몇 주 정도 소요됩니다. 칼리지 보드 웹사이트에서 로그인하여 시험 결과를 확인할 수 있습니다.

International Baccalaureate(IB)
- 국제적 학문의 성취

사실, 미국에서 AP와 IB 프로그램에 참여하는 학생 수는 큰 차이를 보입니다.

2024년 기준으로, 약 280만 명의 학생들이 AP 프로그램에 참여하고 있으며, AP는 다양한 과목에서 선택할 수 있는 옵션이 많아 학생들 사이에서 널리 퍼져 있습니다. 반면, IB 디플로마 프로그램은 상대적으로 제공하는 학교의 수도 적을뿐더러, 설령 학교에서 제공한다 하더라도 AP보다 상대적으로 적은 수의 학생들이 참여합니다. 2023년 기준으로 보면 전 세계적으로 약 13만 명의 학생들이 IB 디플로마 프로그램에 등록되어 있네요.

그럼, 미국 내에서 IB 디플로마 과정을 제공하는 학교가 AP에 비해 별로 없음에도 불구하고, 왜 학생들은 이 과정을 선호하는 걸까요? 그건 바로 IB DP(International Baccalaureate Diploma Program)가 AP와는 다른 장점들이 있기 때문입니다.

IB DP는 전 세계적으로 인정받는 고등학교 교육 과정으로, 학생들에게 대학 수준의 교육을 경험하고, 졸업 시 세계 여러 대학에서 인정하는 학문적 성취를 보여줄 수 있죠. 또 이 프로그램은 고등학교 2년 동안 학생들이 전방위적으로 학문적 역량을 쌓을 수 있도록 설계되어 있습니다.

"전방위적으로 학문적 역량을 쌓는다"는 게 어떤 건지 감이 잘 안 오신다고요?

지금부터 설명드릴 IB DP 시험 구조와 과정 그리고 제공되는 과목들을 보시면 좀 더 이해가 쉬우실 테니 찬찬히 읽어 보시기 바랍니다.

IB DP 시험 구조와 과정

IB DP 시험은 6개 과목군을 기준으로 진행되며, 각 과목은 Higher Level(HL) 또는 Standard Level(SL)로 나뉩니다. 학생은 기본적으로 6개의 과목을 선택해야 하며, 이 중 3개 과목은 HL로, 나머지 3개 과목은 SL로 선택하는 것이 일반적이고요.

HL 과목은 더 깊이 있고 넓은 범위의 내용을 다루기 때문에 시험 역시 더 길고, 어려운 경향이 있습니다. 반면 SL 과목은 상대적으로 더 기본적인 수준으로 시험이 진행됩니다.

시험은 객관식과 주관식 문제를 포함하여, 서술형 에세이와 실험 또는 구술 시험과 같은 다양한 형식으로 이루어집니다. (참고로 AP는 실험이나 구술 시험이 없습니다.) 각 과목의 시험은 대개 2시간에서 3시간 정도 걸리며, 학생들은 수험생의 비판적 사고 능력과 창의적 문제 해결 능력을 평가받게 됩니다.

IB DP에서 제공되는 과목은 크게 6개 아래와 같은 주요 영역으로 나누어집니다. 학생들은 각 영역에서 적어도 한 과목을 선택하여, 총 6개의 과목을 2년간 공부합니다. 각 과목은 HL과 SL로 구분되며, HL와 SL을 최소 각각 3개씩 수강해야 합니다.

6개의 주요 영역:

- 언어와 문학(Language A): 자신의 모국어나, 고급 언어 능력이 요구되는 과목 선택 가능. 예를 들어, 영어 A, 프랑스어 A, 스페인어 A 등의 과목들이 있으며, 문학과 언어 분석을 포함한 학습을 진행함.

- 두 번째 언어(Language B): 외국어 과목으로, 학교별로 스페인어 B, 프랑스어 B, 독일어 B, 중국어 B 등이 제공됨. 이 과목들은 대개 외국어로 학습하며, Standard Level과 Higher Level로 나뉨.

- 사회과학(Individuals and Societies): 경제학, 심리학, 역사, 정치학, 지리학 등 여러 과목이 포함되며, 이 과목들은 사회와 문화, 정치 및 경제 시스템을 다루며, 비판적 사고와 분석 능력을 기르는 데 초점이 맞춰져 있음.

- 자연과학(Sciences): 물리학, 화학, 생물학, 환경 시스템과 사회와 같은 과목이 제공됨. 각 과목은 실험과 이론적 학습을 병행하며, Higher Level 과목은 더 깊이 있는 학습을 요구함. 예를 들어, 물리학은 수학적 모델링과 실험적 연구를 모두 포함함.

- 수학(Mathematics): IB DP에서 수학 과목은 난이도에 따라 Mathematics: Analysis and Approaches와 Mathematics: Applications and

Interpretation으로 나뉨. Analysis and Approaches는 수학적 이론과 고급 계산에 중점을 두며, Applications and Interpretation은 실생활 문제 해결에 초점을 맞추고 있으며 학생은 자신의 능력과 관심에 맞는 과목을 선택할 수 있음.

- 예술(The Arts): 미술, 음악, 연극, 영화 등이 있으며, 창의적 표현과 실기 능력을 강조함. 학생들은 각자의 흥미에 맞는 과목을 선택할 수 있음.

필수 과목:

- 이론적 사고(Theory of Knowledge, TOK): 이 과목은 학생들에게 지식의 본질과 그것이 어떻게 생성되고 전달되는지에 대해 비판적으로 탐구하는 기회를 제공하는 것을 목표로 하고 있음. 그래서 TOK는 학문적 기초를 다지는 데 매우 중요한 역할을 함. TOK는 Internal Assessment와 최종 시험으로 평가되며 Internal Assessment는 1,600 words 에세이와 발표로(presentation) 이루어지고, 최종 시험은 2개의 주관식 질문 중 하나를 선택하면 되는데, 학생이 어떻게 사고하고 논의하는지를 평가함.

- 심화된 에세이(Extended Essay, EE): 학생들은 자신이 정하는 특정 주제에 대해 독자적으로 심도 있는 연구를 하고 이에 대해 4,000 words 정도의 논문을 작성하여 연구 능력을 평가받게 됨.

- 창의성, 활동, 사회봉사(Creativity, Activity, Service, CAS): 학생들은 학교 외 활동을 통해 창의성, 신체 활동, 그리고 사회적 기여를 포함한 프로젝트를 수행해야 함. 이를 통해 학생들의 학문적 학습뿐만 아니라 인격적

성장도 촉진하는 중요한 역할을 함.

IB DP 시험 일정과 준비

IB DP 시험은 AP 시험과 마찬가지로 5월에 진행됩니다. AP와 IB를 동시에 듣는 학생에게 기말고사까지 겹치는 5월은 매우 힘든 달이죠. IB DP 시험 일정은 각 과목별로 정해져 있으며, 시험을 응시하기 전에 정확한 일정을 확인하는 것이 중요합니다. 시험 응시는 주로 학교를 통해 등록하거나, 개인적으로 IBO(International Baccalaureate Organization) 웹사이트를 통해 시험 신청을 할 수 있습니다.
(https://www.ibo.org/programmes/diploma-programme/)

IB DP 시험 결과와 학점 인정

시험이 끝난 후, IB DP 시험 점수는 7점 만점으로 평가되며, 각 과목별로 점수가 부여됩니다. 학생들은 최소 24점 이상을 획득해야 IB 디플로마를 받을 수 있으며, 각 과목에서 3점 이상을 얻어야 합격으로 간주됩니다. 이때, Higher Level 과목에서 좋은 성적을 거두는 것이 중요하고, Theory of Knowledge(TOK)와 Extended Essay(EE) 점수도 종합적으로 반영되어 최종 디플로마 취득 여부가 결정됩니다.

IB DP 시험 결과는 일반적으로 시험 후 7~8주 내에 발표되고요, 학생들은 IBO 웹사이트에서 결과를 확인할 수 있습니다. 이 성적은 대학 입학 시 학생이 선택한 코스 리거에 중요한 참고 자료로 활용되기도 하며, 일부 대학에서는 IB 성적을 바탕으로 학점 인정을 해주기도 합니다.

Honors와 Regular 중 어떤 수업을 들어야 할지 고민이 된다면

미국 고등학교의 수업은 난이도에 따라 Regular, Honors, AP로 나뉘고, 학생들은 자신의 학업 수준과 목표에 맞춰 레벨을 선택하게 되는데요, 난이도는 다음과 같습니다.

· Regular: 표준 수준의 수업

· Honors: 좀 더 심화된 내용으로 진행되는 수업

· AP: 대학 수준의 내용을 배우며, AP 시험에서 높은 점수를 받을 경우 대학 학점으로 인정받을 수 있습니다. (대학마다 과목별 인정 여부는 상이함. 예를 들어 AP Physics 1&2를 들었다면 A 대학은 학점으로 인정해주는 반면, B 대학은 인정해 주지 않는 경우도 있음)

실제로 고등학교 과정에서 "Honors에서 B를 받을 것인가, Regular로 수업을 내려서 A를 받을 것인가?"는 정말 흔히 접하는 고민인데요, 이 질문에 대한 답은 단순히 성적만이 아니라 학생의 학업 수준, 목표 대학의 랭킹, 그리

고 GPA 평가 방식에 따라 답이 달라져야 합니다

상위권 대학을 목표로 하고 있다면
대학의 랭킹이 높아질수록 학생이 선택한 수업의 난이도를 더 중요하게 평가하는데요, 상위권 대학은 학생이 제공된 가장 도전적인 수업(학교에 따라 Honors나 AP 등)을 얼마나 수강했는지, 그리고 그 과정에서 얼마나 성공적으로 학업을 수행했는지를 중요하게 봅니다. 따라서 목표가 상위권 대학이라면 Honors 수업에서 도전하고 성과를 보여주는 것이 필요하겠죠.

중위권 대학을 목표로 하고 있다면
반대로, 중위권 이하 대학은 수업의 난이도보다는 전체 GPA에 더 집중하는 경향이 있습니다. 이 경우 Regular 수업에서 높은 점수를 유지하는 것이 더 유리할 수 있습니다. 목표 대학의 특성을 잘 이해하고 이에 맞는 수업 선택이 중요한 것이죠.

Weighted GPA는 수업의 난이도를 반영하여 계산되기 때문에, Honors나 AP 수업에서 B를 받더라도 Regular에서 A를 받은 것과 비슷하거나 더 높은 점수로 환산될 수 있습니다. 상위권 대학은 Weighted GPA를 선호하는 반면, 일부 대학은 Unweighted GPA만을 사용합니다.

학생이 목표 대학에서 어떤 GPA를 더 중요하게 여기는지 파악한 후, 수업 선택에 반영해야 합니다. Weighted GPA가 강조되는 경우라면 Honors나 AP와 같은 도전적인 수업 선택이 더 중요할 수 있습니다.

또, 입시에서 중요한 것은 학생의 성적표 전체 패턴입니다. 학생의 성적표에서 Regular 수업에 A가 대부분이고 간혹 Honors 수업에 B가 포함된 경우, 입학사정관은 이를 도전적인 수업을 선택한 결과로 긍정적으로 평가할 가능성이 높습니다.

Honors와 Regular 선택의 핵심은 도전과 균형입니다. 대학 입시는 단순히 성적의 숫자만을 평가하지 않습니다. 학생의 학업 태도, 도전 정신, 그리고 학습 능력을 종합적으로 고려합니다. 따라서 자신의 능력, 목표, 그리고 GPA가 어떻게 계산되고 어떤 영향을 미칠지 충분히 검토한 후, 전략적으로 수업을 선택하는 것이 필요합니다

Dual Enrollment
- 대학교에서 수업 듣고
학점 인정받기

먼저 Dual Enrollment라는 단어가 조금 생소한 분들이 많으실 텐데요, 이는 고등학생들이 대학 강의를 들으며 동시에 고등학교와 대학교 학점을 취득할 수 있는 프로그램으로써 주로 지역 내 커뮤니티 칼리지나 제휴된 대학교와 협력하여 온/오프라인으로 진행됩니다.

학생들이 수강한 과목은 일반적으로 대학교 학점으로 인정됩니다. 또한, 많은 프로그램이 일반 대학 학비보다 저렴하거나 무료로 제공되기 때문에, 추후 대학 등록금을 절감하는 데 도움이 될 수 있습니다. 미리 대학 학점을 취득하면 졸업 시기를 단축하거나 추가 과목을 수강할 여유를 확보할 수도 있습니다. 단, 모든 대학이 Dual Enrollment의 학점을 인정하는 건 아니니, 목표하는 대학의 정책을 확인해보시기 바랍니다.

이러한 이유로 Dual Enrollment는 상위권 학생들에게 학업 성취도와 도전 정신을 보여주는 중요한 수단으로 활용되고 있습니다. 대학 수준의 강의는 더 높은 난이도를 요구하기 때문에, 학생의 학업 능력, 시간 관리, 그리고 자신감이 뒷받침되어야 하니, 개인의 상황과 목표를 고려하여 잘 활용해 보시기 바랍니다.

코스 커리큘럼 짜기 전략과 꿀팁들

코스 커리큘럼을 짜는 데 전략이 필요한 이유는 학생의 학업 성취, 진로 목표, 대학 입시 경쟁력, 그리고 시간 관리를 최적화하기 위해서입니다. 잘 설계된 커리큘럼은 단순히 학점을 이수하는 것을 넘어서, 학생이 원하는 방향으로 나아갈 수 있도록 돕는 중요한 도구가 된다는 점을 잊으시면 안 됩니다.

대학의 목표와 전공을 고려해 과목을 선택하자
먼저, 고등학교에서의 과목 선택은 대학 지원서의 에세이, 추천서, 비교과 활동(Extracurricular Activities)과 함께 큰 그림에서 유기적으로 작용한다는 거 잘 알고 계시죠? 즉, 교과 과목 선택이 지원서의 다른 요소들과 일관성이 있는가가 매우 중요합니다.

과목 선택과 진로의 일관성은 매우 중요합니다. 예를 들어, Computer Science를 전공하고 싶다면 수학에서는 AP Calculus 이상의 수업들과, 과학에서는 AP Physics C까지 들어야 하고(AP Physics 1&2는 algebra base이고, AP Physics C는 calculus base입니다), 인문학 전공을 희망한다면 AP로 영어, 역사, 철학 등의 과목을 수강하는 것이 좋겠죠. 만약 통합의대 지원을 생각하고 있는 학생이라면 수학 쪽에서는 AP Cal BC 이상의 과목과(AP

Stat, AP Linear Algebra 등) 과학 쪽에서 Bio, Chem, Physics 모두 AP 과목들을 들어줘야 합니다. 내 아이의 목표가 어딘지에 따라 수강해야 하는 과목들을 잘 파악해 놔야, 나중에 원서 쓸 때 최소한 수강 과목이 맞지 않거나 대학이 원하는 바에 미치지 못해 지원조차 못하는 불상사는 피할 수 있겠죠.

과목 선택과 비교과 활동(Extracurricular Activities)의 일관성도 중요합니다. 예를 들어 환경 활동에 관심이 있는 학생이라면 고등학교에서 AP Environmental Science를 수강하며, 관련된 비교과 활동으로는 환경 클럽에 참여하거나 지역 사회의 환경 보호 프로젝트에 자원봉사로 참여하는 걸 생각해 볼 수 있습니다. 이 경우 대학 지원 시 에세이에서 환경 문제에 대한 자신의 관심과 AP 과목에서의 학습 경험을 연결 지어 풀어나갈 수도 있고, 추천서에서도 AP Environmental Science 선생님이 이 학생의 환경 보호에 대한 노력과 리더십 등을 강조해주실 수 있을 것입니다. 이렇게 과목 선택과 비교과 활동이 잘 조화를 이루어야 대학 지원서에 강력한 메시지를 전달할 수 있는 것이죠.

자기 주도적이고 진취적인 학습을 보여주자

두 번째로는, 같은 과목군에서 더 고급 레벨의 수업을 수강해 성취도를 높여가는 모습을 보여주는 것이 매우 중요합니다. 예를 들어, 수학에서 Algebra 2 → Pre-Calculus → AP Calculus → AP Statistics처럼 점진적인 향상을 나타내는 것이 바람직해 보이는 거죠. 하지만 무작정 레벨을 높이다가 그 과목을 삐끗하면 곤란하니 아이가 잘 따라가고 있는지 계속 체크해 주셔야 합니다.

이때도 꿀팁이 있는데요,

8학년 때 Algebra 1을 수강한 학생이 고등학교 진학 후 다음 레벨로 듣는 건 보통 Geometry입니다. 하지만 수업 성취도를 고려해 더 높은 레벨의 수학을 듣고 싶다면, 9학년 올라가기 전 여름 방학을 활용해 온라인 수업으로 Geometry 학점을 받고, 9학년은 Algebra 2로 시작할 수 있습니다. UC Scout, BYU(Brigham Young University) 등 구글링 해보시면 온라인 수업을 제공하는 곳은 많으니 아이와 함께 맞는 곳을 잘 찾아 선택하시면 됩니다. 그리고, 만약 우리 학교에서 AP Calculus까지밖에 제공하지 않는데, 이보다 더 상위 레벨의 수업이 필요하다면 커뮤니티 칼리지 등에서 Dual Enrollment를 통해 다음 레벨의 수업을 수강할 수도 있습니다.

이때 학교마다 정책이 다르니, 수업이 인정되는지 여부와 성적표(Official Transcript)에 성적이 어떻게 반영이 되는지 등은 당연히 학교 카운슬러와 미리 상의해 보시면 좋고요.

낮은 Grade를 설명하는 방법

대학 입학을 준비하면서 성적은 중요한 평가 요소 중 하나입니다. 하지만 성적이 항상 완벽하게 유지되는 것은 아니며, 일부 학생들은 특정 시기에 성적이 낮았던 경험을 겪기도 합니다. 그렇다고 해서 이로 인해 입시에 불리하게 작용하는 것은 아닙니다.

실제로 낮은 성적을 어떻게 설명하고 극복했는지에 대한 내용이 중요하며, 특히 Upward Trend와 Recovery는 이를 잘 설명할 수 있는 중요한 포인트가 됩니다.

Upward Trend는 성적이 점차적으로 향상되는 추세를 말합니다. 만약 초기에는 성적이 낮았지만, 점차 더 나은 성과를 보였다면, 이는 학생이 어려움을 극복하고 성적을 향상시키기 위해 노력했음을 입증하는 중요한 신호입니다.

대학 입학사정관들은 학생이 어떻게 어려운 상황을 극복하고 나아졌는지에 대해 관심을 가집니다. 특히 고등학교 후반기나 어려운 과목에서 성적이 급격히 개선되었다면, 그 학생은 단순히 성적만 좋은 것이 아니라, 힘든 시기를 이겨내고 성장한 잠재력을 가진 인재라고 평가될 수 있습니다. 따라서 에세이에서 이 부분을 구체적으로 서술하면 입학사정관에게 긍정적인 평가를 받을수 있습니다.

또한 Recovery는 어려움을 극복한 학생의 회복력을 보여주는 중요한 요소입니다. 예를 들어, 개인적인 문제나 건강상의 문제 등으로 인해 한때 성적이 낮아졌더라도, 그 이후에 이를 극복하고 다시 좋은 성과를 냈다면, 이는 학생이 위기에서 어떻게 회복했는지를 보여주는 중요한 사례가 됩니다. 실제, 영어 단어로 Resilience로 표현되는 회복력은 대학에서 매우 중요한 덕목으로, 학생이 어려운 상황을 어떻게 대처하는지, 그리고 그 상황에서 무엇을 배웠는지가 중요한 평가 기준이 됩니다. 에세이에서 이러한 경험을 어떻게 극복했는지 상세하게 설명하는 것은 입학사정에서 유리한 평가를 받을 수 있습니다.

낮은 성적을 설명할 때 중요한 점은 단순히 변명을 하는 것이 아니라, 그 과정을 어떻게 극복했는지를 중심으로 이야기하는 것입니다. 예를 들어, 성적이 낮았던 이유가 있다면 그 원인을 간략히 설명한 뒤, 이를 극복하기 위해 어떤 노력을 기울였는지를 구체적으로 보여주는 것이 중요합니다. 중요한 것은 단지 낮은 성적을 인정하는 것이 아니라, 그 뒤에 이어진 노력과 회복력을 어떻게 발휘했는지를 강조하는 것입니다.

성적을 회복하기 위한 방법으로는 학교에서 제공하는 과목별 선생님의 애프터 클래스에 참석하거나, 그룹 스터디를 통해 동료들과 협력하는 방법 등이 있을 수 있겠는데요, 이런 구체적인 노력들이 자신이 어떻게 회복했는지, 그리고 그 과정에서 얻은 교훈이 무엇인지를 잘 보여줍니다.

회복력이 뛰어난 학생은 단순히 성적뿐만 아니라 그 과정에서 드러난 노력, 인내심, 그리고 성실성을 통해 높은 평가를 받습니다. 이는 한 번의 실수를 어떻게 극복했는지, 그리고 자신을 향상시키기 위해 얼마나 꾸준히 노력했는지를 보여주는 기회가 되는 것이고, 특히 이러한 내용을 에세이에 잘 풀어낸다면 입학 사정에 긍정적인 영향을 줄 수 있습니다.

낮은 성적은 단지 과거의 결과일 뿐, 중요한 것은 그 경험을 통해 학생이 어떻게 성장하고 발전했는지를 입증하는 것입니다. 자신이 겪은 어려움을 극복하고 더 나은 성과를 이룬 이야기를 진솔하게 전달하는 것이 입학 심사에 있어 강력한 메시지를 전달할 수 있습니다.

Part 4.

대외활동: 나에게 딱 맞는 활동 찾기

STEM을 전공한다면
- 리서치부터 봉사까지

STEM(과학, 기술, 공학, 수학) 분야에 관심이 있는 학생들에게는 교실 밖에서 이루어지는 활동이 대학 지원서에서 매우 중요한 역할을 합니다. 학업 성적과 시험 점수도 중요하지만, STEM 관련 EC를 통해 학문적 열정과 실질적인 경험을 보여줄 수 있기 때문이죠. 그럼 지금부터 STEM 학생들에게 적합한 활동의 종류와 구체적인 예시를 소개해드릴게요.

리서치와 포스터/논문 발표

리서치 경험은 STEM 전공 학생들에게 가장 높은 가치를 부여하는 활동 중 하나입니다. 연구를 통해 문제를 분석하고 창의적인 해결책을 찾아내는 과정을 경험하며, 대학 입학사정관들에게 학문적 깊이를 입증할 수 있습니다. 예를 들어, 지역 대학이나 연구소에서 여름 동안 진행하는 인턴십 프로그램에 참가하거나, 교수의 연구 프로젝트에 보조 연구원으로 참여할 수 있습니다. 스스로 흥미를 느끼는 주제를 선정해 독립적으로 연구를 진행한 후, 지역 또는 국가 학술 대회에서 결과를 발표하거나 논문을 작성해 학술지에 투고할 수 있다면 정말 훌륭한 액티비티가 될 수 있죠.

리서치를 시작하고 싶은데 어디서부터 시작해야 할지 막막하시다면, 다행히 미국은 미래의 과학자를 꿈꾸는 학생들에게 다양한 기회를 제공하는 나라입니다. 만약 여러분이 대학교 근처에 살고 있다면, 그곳이 첫 출발점이 될 수 있습니다. 대학 웹사이트에는 교수진의 연구 주제, 진행 중인 프로젝트, 그리고 이메일 주소와 같은 상세한 정보가 기재되어 있습니다. 먼저 자신이 흥미를 느끼는 연구 분야를 찾아보세요. 그런 다음, 관련 교수를 대상으로 정중한 이메일을 보내 리서치 프로그램에 참여할 수 있는 기회를 문의해 보시길 권합니다.

이메일을 보낼 때는 간결하면서도 정중한 톤을 유지하는 것이 중요합니다. 본인이 해당 주제에 관심을 가지게 된 계기와 리서치를 통해 배우고자 하는 점을 진솔하게 적어야 합니다. 예를 들어, "안녕하세요, 저는 이 지역 xxx 학교 고등학생으로 교수님의 [연구 주제]에 대해 큰 관심을 갖고 있습니다. 저는 [간단한 배경 설명]을 통해 이 분야에 열정을 가지게 되었고, 교수님의 연구실에서 배우고 기여할 수 있는 기회를 간절히 희망합니다"와 같은 내용이 포함된다면 좋겠죠.

만약 대학교와 가까운 곳에 살고 있지 않다면, 온라인 플랫폼을 활용해 보세요.

많은 연구실에서 원격으로 참여할 수 있는 프로젝트를 제공하기도 합니다. 예를 들어, Zooniverse와 같은 커뮤니티 과학 플랫폼은 학생들이 다양한 연구 프로젝트에 참여할 수 있는 기회를 제공합니다. 또한, Coursera와 EdX와 같은 온라인 학습 플랫폼에서는 특정 분야의 연구에 필요한 기초 지식을 습득할 수 있는 강좌를 제공합니다.

STEM 관련 캠프와 프로그램

전문 STEM 캠프는 학생들에게 실질적인 실험 기회를 제공하고, 동료 학생 및 멘토들과 네트워크를 형성할 수 있는 소중한 기회를 줍니다. 11, 12학년 여름방학을 활용해 전문 캠프 프로그램에 적극적으로 참여해 보는 것도 좋은 방법입니다.

MIT의 Research Science Institute(RSI), Stanford의 Pre-Collegiate Summer Institutes나 Stanford의 SIMR(Stanford Institutes of Medicine Summer Research Program) 또는 NASA의 STEM Engagement Program은 STEM 분야를 꿈꾸는 학생들에게 인기가 높은 프로그램들입니다. 이러한 기회는 대체로 경쟁률이 높지만, 지원 과정에서 본인의 열정과 역량을 잘 표현하면 충분히 도전해 볼 만한 가치가 있습니다.

MIT의 Research Science Institute(RSI)는 전 세계에서 선발된 약 100명의 고등학교 11~12학년 학생들이 참여하는 여름 프로그램으로, 과학 및 공학 연구 경험을 제공합니다. 학생들은 프로그램 초기 1주일 동안 과학 이론 및 기초 과목을 배우고, 이후 5주 동안 연구 멘토와 함께 실제 연구 프로젝트를 수행합니다. 참가 학생들은 연구 주제를 선정하고 데이터를 분석하며, 프로그램 마지막 주에는 연구 논문을 작성하고 프레젠테이션을 통해 자신의 연구를 발표합니다.

NASA의 STEM Engagement Program은 고등학생들에게 우주 탐사 및 과학 기술 관련 분야에서 실질적인 연구 경험을 제공하는 프로그램입니다. 학생들은 NASA의 연구 센터와 협력하여 다양한 STEM 분야의 프로젝트에 참여하게 되며, 이를 통해 우주 과학, 항공 기술, 공학 등의 분야에서 전문적인 연구 경험을 쌓을 수 있습니다. 프로그램의 주요 목표는 학생들에게 우주 과학 및 기술에 대한 깊은 이해를 제공하고, 미래의 STEM 리더로서 필요한 기술과 지식을 배울 수 있는 기회를 주는 것입니다.

참가 학생들은 NASA 연구원들과 함께 실험을 설계하고 데이터를 분석하며, 실제 우주 탐사와 관련된 문제를 해결하는 프로젝트를 진행합니다. 프로그램은 주로 여름방학 동안 진행되며, 최종적으로 연구 결과를 발표하는 기회를 제공합니다. 이는 학생들이 STEM 분야에서의 경력을 쌓고, 대학 지원 시 중요한 경험을 바탕으로 경쟁력을 갖추게 도와줍니다.

사이언스 페어와 대회 참가

과학 대회와 올림피아드는 STEM 전공 지원자들에게 자신의 열정과 능력을 입증할 수 있는 훌륭한 기회입니다. 예를 들어, Intel ISEF, Regeneron Science Talent Search, 그리고 다양한 지역 및 주(State) 레벨의 과학 박람회는 학생들에게 연구 프로젝트를 발표하고 전문가들로부터 피드백을 받을 수 있는 귀중한 장을 제공합니다.

하지만 현실적으로 이러한 캠프와 대회는 수백 대 일의 경쟁률을 자랑하며, 모든 STEM 전공 희망 학생들이 참여하기 쉽지 않은 것이 사실입니다. 예를 들어 Intel ISEF 같은 국제 대회는 엄격한 예선 과정을 거쳐야 하며, 연구 주제나 결과물이 매우 독창적이어야 선정될 가능성이 높습니다. 매년 약 1,800명의 파이널리스트가 전 세계 70여 개국에서 선발되지만, 하위 단계 대회에는 수만 명의 학생이 참가합니다. 이런 대회에 참여한다면 확실히 돋보일 수 있지만, 누구에게나 열려 있는 기회는 아닌 거죠.
그렇다고 좌절할 필요는 없습니다. STEM 열정을 보여줄 수 있는 다른 방법도 많습니다.

지역 과학 박람회나 학교 자체의 소규모 대회는 훨씬 접근성이 높으며, 연구나 프로젝트를 통해 자신의 관심사를 구체화할 수 있는 좋은 시작점이 될 수 있습니다. 또한, 이러한 경험은 더 큰 대회로 도전할 수 있는 발판이 되기도 합니다.

STEM 관련 봉사활동
STEM 분야에서도 봉사활동을 통해 지역 사회에 기여하며 영향력을 발휘할 수 있습니다. 자신이 가진 지식을 활용해 지역 커뮤니티를 돕거나, STEM 교육의 기회를 제공하는 활동은 특히 돋보입니다.

예를 들어, 한 학생은 지역 중학교에서 코딩 워크숍을 기획해 아이들에게 Python 프로그래밍을 가르쳤습니다. 또 다른 학생은 지역 환경 문제를 해결하기 위해 쓰레기 분리수거의 효과를 높이는 앱을 개발해 커뮤니티 센터에 기부하기도 했습니다. 이러한 활동은 단순히 시간을 보내는 봉사활동을 넘어, 자신의 관심 분야를 활용해 실질적인 변화를 만들어내는 사례로 평가됩니다.

교내 클럽 활동과 팀 프로젝트
교내 클럽 활동은 학생이 팀워크를 배우고 자신의 리더십을 보여줄 수 있는 중요한 기회입니다. 로봇 공학, 수학, 화학, 천문학, 의학 등 다양한 STEM 관련 클럽에서 프로젝트를 기획하고 실행하는 경험은 대학 지원서에서 눈에 띄는 요소가 됩니다.

📌 Gio's Tip

저는 의학과 해부학에 대한 관심을 바탕으로 학교 내 해부학클럽을 조직했습니다. 클럽 활동의 일환으로, 학생들은 해부학에 대한 이해를 높이기 위해 점심시간을 활용해 양 심장, 소 눈알, 개구리 등의 해부를 진행했습니다. 또한, 지역 내 의사를 직접 섭외하고 초청해 의학 분야에 대한 실제적인 이야기를 듣는 시간을 마련했고, 이를 통해 학생들은 의학 분야에 대한 구체적인 비전을 가질 수 있었습니다.

해부 클럽에서 해부한 양 심장을 들고 있는 클럽 멤버

해부 클럽에 있었던 제 친구는 지역 초등학생들을 대상으로 건강 교육을 진행하기 위해 클럽 멤버들 몇몇과 함께 '우리의 몸'에 대한 짧은 만화책을 제작했습니다. 이 만화책은 어린이들이 쉽게 이해할 수 있도록 구성되어, 뼈, 근육, 심장 등 주요 신체 부분을 다루고, 건강한 생활 습관에 대한 정보를 전달했습니다. 클럽의 학생들은 이 만화책을 지역 도서관과 학교에 배포하며, 학교와 연계하여 수업시간에 초등학생들의 눈높이에 맞는 교육을 제공하였습니다. 이 경험을 제 친구가 인터뷰에서 얘기했더니, 인터뷰어가 매우 인상 깊어 했다고 합니다.

여름 방학을 활용한 인턴십과 실무 경험

대학이나 연구소 외에도 STEM 관련 기업에서의 인턴십은 실질적인 경험을 제공하며, 미래 진로를 구체적으로 탐색할 수 있는 기회입니다. 특히 엔지니어링이나 컴퓨터 과학 분야를 희망하는 학생들에게는 이 경험이 매우 중요합니다.

STEM 관련 기업에서의 인턴십은 학생들에게 학문적인 지식뿐만 아니라 실무적인 경험을 쌓을 수 있는 중요한 기회를 제공합니다. 엔지니어링이나 컴퓨터 과학 분야를 목표로 하는 학생들은 이러한 인턴십을 통해 다양한 기술을 실전에 적용할 수 있으며, 실제 문제를 해결하는 과정에서 창의적이고 논리적인 사고를 기를 수 있습니다. 예를 들어, 엔지니어링 기업에서의 인턴십은 설계, 제작, 테스트 등 다양한 단계에 참여하면서 직무에 대한 깊은 이해를 쌓을 수 있게 해줍니다.

또한, 이러한 경험은 학생들이 진로를 구체적으로 탐색하고, 해당 분야에서 필요한 기술과 역량을 실질적으로 배울 수 있는 기회를 제공합니다. 예를 들어, 컴퓨터 과학을 전공하고자 하는 학생이 소프트웨어 개발 회사에서 인턴으로 일하면서 프로그래밍 능력을 키우고, 다양한 프로젝트를 통해 실제 소프트웨어 개발 프로세스를 경험할 수 있습니다. 이러한 경험이 대학 지원서에서 강력한 포트폴리오로 작용하게 됨은 자명한 일일 겁니다.

Social Science를 전공한다면
– 논리적 사고를
강조하는 방법

Social Science(사회 과학)은 인간 사회와 그 상호작용을 연구하는 분야로, 심리학, 사회학, 철학, 정치학, 인류학 등이 포함됩니다. 이 분야의 전공은 인간 행동과 사회 구조를 깊이 분석하는 능력을 요구하기 때문에, 이를 반영할 수 있는 교외 활동(Extracurricular activities, EC)은 매우 중요합니다. 대표적인 사회 과학 학문인 철학과 정치학을 중심으로 고등학교 4학년 동안 어떤 활동들을 해나갈 수 있는지 살펴보도록 하겠습니다.

디베이트

철학과 정치학 전공에서는 논리적 사고와 강력한 의사소통 능력이 중요합니다. 디베이트는 학생들이 다양한 사회적, 정치적 문제에 대해 논리적으로 사고하고, 주장을 명확하게 펼칠 수 있는 기회를 제공합니다. 또한, 여러 견해를 균형 있게 고려하고, 자신의 의견을 뒷받침할 증거를 제시하는 훈련을 할 수 있습니다. 많은 대학들이 디베이트 경험을 입학 사정 시 중요하게 평가합니다. 주요 디베이트 대회와 형식에는 여러 종류가 있으며, 각 대회는 다양한 포맷과 주제를 다룹니다.

대표적인 하이스쿨 디베이트 대회들로는,

- National Speech & Debate Association(NSDA) 대회: NSDA는 미국에서 가장 크고 권위 있는 디베이트와 연설 관련 대회입니다. 매년 미국 전역에서 열리며, 학생들이 다양한 사회적, 정치적 주제에 대해 논리적으로 토론하는 기회를 제공합니다.

- World Schools Debating Championships(WSDC): WSDC는 세계적으로 유명한 디베이트 대회로, 고등학생들이 전 세계의 다양한 주제에 대해 토론하는 대회입니다. 이 대회는 각국 대표들이 참가하여, 국제적인 시각을 가질 수 있는 기회를 제공합니다.

- Public Forum Debate: 두 명씩 팀을 이루어 사회적 문제에 대해 논의하는 대회입니다. 이 대회는 학생들이 공공 정책이나 사회적 이슈에 대해 논리적이고 설득력 있는 주장을 펼치는 능력을 키우는 데 중점을 둡니다. 주로 논리적 사고, 연설, 증거 제공 등이 중요한 요소로 평가됩니다.

디베이트는 다양한 형식으로 진행되며, 각 형식은 학생들이 논리적 사고와 효과적인 의사소통 능력을 발전시킬 수 있도록 돕습니다. 대표적인 디베이트 형식은 다음과 같습니다:

- Policy Debate(정책 디베이트): 주로 사회적, 정치적 문제에 대한 정책적 해결책을 제시하는 형식입니다.

- Lincoln-Douglas Debate(링컨-더글라스 디베이트): 도덕적, 철학적 가

치에 관한 주제를 다룹니다. 논점은 철학적이고 이론적인 문제에 집중되며, 각 참가자는 짧은 시간 안에 강력하고 논리적인 주장을 펼쳐야 합니다.

· Congressional Debate(의회형 디베이트): 실제 의회에서 다루는 법안들을 바탕으로 논의합니다. 학생들은 제안된 법안을 지지하거나 반대하는 입장을 취하며, 법적이고 정치적인 주제를 다룹니다.

이 외에도 Impromptu Debate, Public Speaking 등을 포함한 다양한 디베이트 형식들이 있으며, 각 형식은 특정한 기술을 발전시키는 데 도움이 됩니다. 각 대회는 주제의 종류와 진행 방식이 다르므로, 참가자는 이를 잘 이해하고 준비하는 것이 중요합니다.

모델 유엔(Model United Nations, MUN)

모델 유엔(Model United Nations, MUN)은 유엔(United Nations)을 모방한 모의 회의로, 학생들이 국제적 이슈에 대해 토론하고 협상하는 프로그램입니다. MUN은 학생들에게 정치, 외교, 국제법, 그리고 다양한 사회적 문제에 대해 깊이 있는 이해를 제공하며, 글로벌 리더로서 필요한 능력을 배양할 수 있는 기회를 제공합니다. 이 프로그램은 전 세계의 다양한 학교에서 진행되며, 학생들은 각국의 대표가 되어 국제 문제를 해결하는 방식으로 토론에 참여합니다.

사회적 이슈에 대한 참여 및 봉사활동

철학과 정치학은 많은 경우 사회적 정의, 윤리, 인권 등의 문제를 다루므로, 실제 사회 문제에 대한 참여도 중요합니다. 학교의 학생회에 참여하거나 지역 사회에서 봉사활동을 하거나, 사회적 이슈에 대한 캠페인에 참여하는 것은 학생이 철학적, 정치적 관심을 실제 문제 해결에 어떻게 적용하는지 보여줄 수 있는 좋은 기회입니다.

사회 문제에 참여한다고 해서 반드시 큰 규모의 프로젝트나 캠페인에 참여해야 하는 것은 아닙니다. 실제로 학생들이 실천할 수 있는 작은 시작이 큰 변화를 이끌 수 있습니다. 예를 들어, 학생회 일원이라면 학교 내 불공정한 상황에 대한 목소리를 내거나, 학교 정책에 대한 개선 제안을 할 수 있습니다. 학생들이 일상에서 마주하는 문제를 논의하고 해결책을 모색하는 것 자체가 철학적이고 정치적인 사고를 키울 수 있는 중요한 경험이 될 수 있습니다.

또한, 지역 사회에서의 봉사활동도 매우 유익합니다. 예를 들어, 청소년들이 참여할 수 있는 지역 사회의 환경 보호 활동에 참여하거나, 빈곤층을 위한 자원 봉사에 나서는 것은 인권과 사회적 정의에 대한 깊은 이해를 바탕으로 실천을 이어갈 수 있는 기회입니다. 사회적 이슈에 대한 캠페인이나 활동에 참여함으로써, 학생들은 철학적, 정치적 관심사를 구체적인 사회 문제 해결에 어떻게 적용할 수 있는지 배우게 됩니다.

이렇게 일상에서 실천 가능한 작은 활동들을 통해, 학생들은 자신이 관심 있는 철학적, 정치적 문제를 해결하는 데 중요한 역할을 할 수 있으며, 이러한 경험은 대학 입시에서 큰 장점으로 작용할 수 있습니다.

여름 캠프
학생들이 철학과 정치학 분야를 심화적으로 탐구할 수 있는 여름 프로그램에 참여하는 것은 매우 유익한 경험이 될 수 있습니다. 이러한 프로그램은 학문적 탐구뿐만 아니라 실제 사회 문제와 이론을 연결하는 기회를 제공합니다.

예를 들어 UMass Amherst에는 "Question Everything"이라는 프로그램이 있는데요, 이 프로그램에서는 자유, 권리, 도덕적 문제 등 철학적 논의를 진행하며, 참가자들이 직접 연구 주제를 선택해 발표하는 형식입니다.

정치학 관련 프로그램으로는 조지타운 대학교의 American Politics Academy가 있습니다. 이 프로그램에서는 미국 정치 체계와 관련된 다양한 주제를 다루며, 학생들이 실제 의회 시뮬레이션에 참여하고, 정부 고위 관계자들과 직접 만나는 기회도 제공합니다.

Business를 전공한다면
– 경쟁력을 높이는 교실 밖 활동들

Business 전공에 관심이 있는 학생들에게도 교실 밖 액티비티는 매우 중요한 역할을 합니다. 이 분야에서 성공적인 대학 입학을 위해서는 학문적 능력 외에도 창의적 사고, 리더십, 사회적 책임감을 보여줄 수 있는 다양한 활동들이 필요합니다. 지금부터 Business 전공을 목표로 하는 학생들에게 도움이 될 만한 활동들을 소개해 드릴게요.

기업 관련 인턴십과 실무 경험
기업 인턴십은 Business 전공을 희망하는 학생들에게 매우 중요한 경험입니다. 실제 비즈니스 환경에서 일하면서 학생들은 다양한 실무 경험을 쌓을 수 있고, 이는 대학 지원서에서 큰 강점이 됩니다. 특히, 금융이나 마케팅, 회계 부서에서의 인턴십은 학생들에게 매우 유익한 경험을 제공합니다.

실무 경험은 대학 입학사정관들에게도 중요한 지표로 작용할 뿐만 아니라 학생들이 자신의 진로를 확립하는 데도 매우 유익합니다. 인턴십을 통해 학생들은 향후 진로에 대한 통찰을 얻고, 실제 기업 환경에서의 업무를 통해 경영 분야에 대한 이해를 한층 더 높일 수 있기 때문이죠.

그런데, 인턴십이 너무 소중한 기회인 건 알겠는데, 어떻게 찾아야 할지 막막하다고요? 고등학생이 기업 인턴십을 찾는 방법에는 여러 가지가 있습니다.

많은 고등학교에서는 인턴십 프로그램을 제공하거나 기업과의 협력을 통해 학생들에게 실습 기회를 제공합니다. 학교의 진로 상담 선생님이나 커리어 센터에 문의해 보세요. 학교에서 주관하는 인턴십 프로그램이나 여름 캠프, 경력 개발 워크숍에 대한 정보도 받을 수 있습니다.

온라인 취업/인턴십 사이트에서 많은 기업들이 고등학생을 대상으로 한 인턴십 프로그램을 공개합니다. 예를 들어, LinkedIn, Indeed, Glassdoor 와 같은 사이트에서는 다양한 인턴십 기회를 제공하고 있으며, 이러한 플랫폼에 프로필을 등록하고 원하는 분야의 인턴십을 찾아 지원할 수 있습니다.

학교 내 비즈니스 클럽 및 팀 프로젝트

학교 내 비즈니스 클럽 및 팀 프로젝트는 학생들에게 다양한 실무 능력을 배울 수 있는 기회를 제공합니다. 몇 가지 대표적인 예시를 들어보겠습니다.

DECA는 미국을 비롯한 여러 나라에서 활동하는 비즈니스 관련 클럽으로, 고등학생들이 마케팅, 금융, 경제학, 창업 등 다양한 비즈니스 분야에서 실제 사례를 바탕으로 프로젝트를 수행하고 경쟁합니다. 예를 들어, 학생들은 가상의 비즈니스를 운영하며 시장 분석과 소비자를 대상으로 한 전략을 세우거나, 경제적인 문제 해결을 위한 전략을 제시하는 대회에 참여할 수 있습니다. 이 과정에서 학생들은 비즈니스 문제를 해결하는 능력을 기르고, 팀워크와 리더십도 배울 수 있습니다.

금융 클럽에서는 학생들이 주식 투자, 금융 분석 등의 활동을 통해 경제 및 금융 시장에 대한 이해를 넓힐 수 있습니다. 예를 들어, 가상의 투자 포트폴리오를 관리하거나, 금융 시장 분석을 바탕으로 기업에 대한 투자 결정을 내리는 팀 프로젝트를 진행할 수 있습니다. 이러한 활동은 학생들에게 금융 시장의 동향을 이해하고 실제 기업 환경에서 필요한 분석 능력을 배울 수 있는 기회를 제공합니다.

창업 및 스타트업 경험

자신의 비즈니스를 시작하거나 스타트업 활동에 참여하는 경험은 비즈니스 전공을 목표로 하는 학생들에게 매우 중요한 강점이 됩니다. 학생들이 창의적인 아이디어를 바탕으로 실제 사업을 운영하는 경험은 대학 입학사정관들에게 긍정적인 인상을 남길 수 있습니다. 비즈니스 모델을 실제로 구축하고 운영하면서 얻는 경험은 이론적인 학습을 넘어서서 실용적인 문제 해결 능력, 의사결정 과정, 그리고 팀워크 등을 배울 수 있는 귀중한 기회를 제공합니다.

뿐만 아니라, 이러한 스타트업 활동이 지속 가능한 비즈니스 모델이나 사회적 기업에 대한 관심을 보여주는 경우, 더 큰 장점이 될 수 있습니다. 예를 들어, 환경 보호나 사회적 가치 창출을 목표로 한 프로젝트에 참여하는 것은 학생들이 비즈니스의 사회적 책임을 실천하는 모습을 입증하는 데 도움이 됩니다. 이는 단순히 경제적 성공을 넘어서, 사회와 환경에 긍정적인 영향을 미치는 기업가 정신을 기르는 과정으로 평가될 수 있는 거죠.

봉사활동

비즈니스 전공에 관심이 있는 학생들이 지역 사회에서 봉사활동을 하는 것도 매우 중요합니다. 예를 들어, 지역 사회의 작은 비즈니스나 비영리 단체에서 경영과 관련된 도움을 제공하거나, 사회적 기업의 프로젝트에 참여하는 것도 좋은 경험이 됩니다. 학생들이 사회적 책임을 다하면서도 비즈니스 관련 역량을 발휘하는 모습은 대학 입학사정관들에게 긍정적인 평가를 받을 수 있습니다.

비즈니스 캠프

고등학생을 위한 비즈니스 캠프는 실제 비즈니스 경험을 통해 학생들이 기업가정신, 리더십, 팀워크 등 중요한 역량을 배울 수 있는 기회를 제공합니다. 예를 들어, 다음과 같은 프로그램들이 있습니다.

Wharton Leadership in the Business World(LBW) 프로그램은 펜실베이니아 대학교 와튼 스쿨에서 주관하는 여름 캠프로, 참가자는 실제 비즈니스 시뮬레이션과 사례 분석을 통해 리더십과 팀워크를 배울 수 있습니다. 학생들은 와튼 교수진과 함께 비즈니스 이론을 배우고, 다양한 산업의 성공적인 리더들과 대화하는 기회도 가집니다

BETA Camp는 온라인으로 진행되는 프로그램으로, 창업과 비즈니스 혁신에 중점을 두고 실습 중심의 교육을 제공합니다. 학생들은 실제 스타트업을 기획하고, 실질적인 경험을 쌓을 수 있으며, 각 분야의 전문가들과의 멘토링을 통해 더 깊은 통찰을 얻을 수 있습니다. 이 프로그램은 다양한 기업가정신 관련 기술을 배울 수 있는 좋은 기회를 제공합니다.

이처럼, 비즈니스 전공을 목표로 하는 학생들에게 중요한 것은 이론적인 지식뿐만 아니라, 실제 비즈니스 환경에서의 경험과 리더십 능력입니다. 학교 내 활동, 인턴십, 창업 경험, 대회 참가 등 다양한 Extracurricular Activities를 통해 자신의 열정을 입증하고, 문제 해결 능력과 창의적인 사고를 보여주는 것이 중요합니다. 이 활동들은 단순히 대학 입시를 위한 준비뿐만 아니라, 미래의 비즈니스 리더로서의 역량을 키우는 데에도 큰 도움이 될 것입니다. 학생 여러분의 비즈니스 전공에 대한 열정을 실천할 수 있는 다양한 기회들을 놓치지 말고, 적극적으로 도전해 보시기 바랍니다.

📌 Gio's Tip
고등학생이 인턴십 찾는 노하우

대학교에서 연구 경험은 정말 긍정적으로 평가받습니다. 실제로, 제 리서치 덕분에 한 대학교에서는 다른 학생들보다 먼저 인터뷰를 받게 되었어요. 대학에서 학문적 연구를 했다는 것은 그 분야에 대한 깊은 이해를 가지고 있다는 것을 보여줄 수 있기 때문이에요.

Q. 인맥이 있었던 것 아닌가요?

아니요! 저는 전혀 인맥이 없었어요. 많은 학생들이 부모님의 인맥을 통해 기회를 얻기도 하지만, 저는 그런 연결이 전혀 없었어요. 저는 직접 교수님들께 이메일을 보내며 적극적으로 기회를 찾았어요.

그럼, 제가 어떻게 연구 인턴십을 찾았는지 그 과정을 공유할게요:

대학교 웹사이트 가서 교수님 이메일 찾기
저는 직접 대학교 웹사이트에 가서 바이오 관련 분야를 찾고, 바이오 학과에 있는 교수님들께 하나하나 이메일을 보냈어요. 그 당시에는 제가 정확히 무엇을 하고 싶은지 몰랐어요. 그냥 바이오라는 분야가 흥미롭고, 줄기세포에 대해 신기하다고 느꼈어요. 그래서 교수님들께 약 50통 이상의 이메일을 보냈죠.

이메일을 보낸 후에는 답이 오지 않는 경우가 대부분이었고, 어떤 교수님은 "여름에 멘토링은 어렵다"고 하셨고, 다른 교수님은 "나는 어렵지만 다른 교수님에게 연락해보라"고 조언해 주셨어요. 그중에 딱 한 교수님이 인터뷰를 하자고 답을 주셨고, 그게 제 연구 인턴십 기회로 이어졌어요.

중요한 팁: 이메일을 복붙하지 마세요! 교수님들은 이런 양산형 이메일을 금방 알 수 있어요. 그렇기 때문에 교수님의 논문을 읽고, 그 논문에서 흥미로운 점을 언급하고, 왜 그 교수님의 연구실에서 일하고 싶은지 구체적으로 설명하는 것이 중요해요.

제가 실제로 지원할 때 썼던 이메일의 일부를 첨부할게요.

Dear Dr. XXX,

My name is Gio and I am currently a sophomore at Troy High School. I came across your website and was intrigued by your research on gene editing on HIV and the use of AAV vectors to increase efficiency. It was interesting to see how HDR-mediated gene editing isn't applicable to mature T cells as they are quiescent, but you were able to find a different way and achieve high editing rates. 이하 하략.

인터뷰 - 왜 이 랩을 조인하고 싶은지 열심히 어필하기

고등학생이 교수님의 연구실을 조인하는 것이니, 교수님은 우리가 연구에 크게 기여할 거라고 기대하지 않으셔요. 연구를 배우러 가는 것이고, 교수님이 고등학생을 멘토링 하거나 연구 기회를 주시는 것은 일종의 재능 기부인 거죠. 다행히도, 미국에서는 미래 세대를 지원하기 위한 이런 사회적 선순환의 재능 기부가 매우 활발하게 이루어지고 있습니다. 교수님들은 우리가 많이 알고 있지 않더라도, 열정적이고 이 분야에 대한 학습 의지가 강한 학생을 원하세요.

따라서 인터뷰에서는 내가 무엇을 아는지보다 왜 이 연구실에서 일하고 싶고, 얼마나 열심히 배우고 기여할 수 있는지를 강조하는 것이 중요해요.

인터뷰 전에 그 연구실에서 어떤 연구를 하는지 조사하고, 관련된 논문도 몇 개 읽어보세요. 그러고 나서 흥미로운 점이나 궁금한 점을 교수님께 질문하는 것이 좋습니다. 질문이 없다면 연구를 제대로 읽지 않은 것으로 보일 수 있으니, 꼭 준비해서 가세요.

출판을 너무 기대하지 않기

고등학생이 연구를 한다고 해서 반드시 논문을 출판해야 의미가 있다는 오해가 많아요. 박사 논문을 쓰는 데도 몇 년이 걸리는데, 고등학생이 짧은 기간 동안 진행한 연구를 출판하는 것은 현실적으로 매우 어려워요. 만약 3-4년 동안 랩에서 계속 일하면서 연구를 진행했다면 저자에 이름이 들어갈 수도 있지만, 일반적으로 고등학생이 연구를 끝내고 바로 출판하는 것은 거의 불가능에 가까운 일이에요.

게다가, 연구가 바로 출판된다고 해도 존경받는 저널에 실린 것이 아닐 가능성이 높고, 오히려 대학 입학사정관들이 연구의 진정성을 의심할 수도 있어요.

하지만 출판 외에도 할 수 있는 일은 많습니다. 예를 들어, 포스터 발표를 할 수 있어요. 연구 결과를 잘 정리해서 포스터를 만들고, 그 포스터를 컨퍼런스나 심포지움에서 발표할 수 있어요. 저도 포스터를 만들어서 발표했고, 그 경험을 대학 원서에 첨부했어요. 논문 출판은 어렵더라도, 연구를 발표하는 다른 방법을 통해 그 경험을 잘 활용할 수 있어요.

봉사활동으로 커뮤니티에 영향력을!

많은 학부모님들이 저에게 하시는 질문 중 하나가 봉사활동(Community Service)에 관한 질문입니다. 봉사활동이 중요하다던데, 어떤 봉사활동이 대학교 입학에 유리한가요? 봉사활동이 반드시 미래 전공과 연관성이 있어야만 대입에 유리한가요? 대략 몇 시간이나 봉사활동을 해야 하나요? 등등요.

출처: 하버드 Making Caring Common Project의 홈페이지.
(https://mcc.gse.harvard.edu/reports/turning-the-tide-college-admissions)

이에 대한 개인적인 의견을 말씀드리기 전에 하버드에서 발간한 "Tuning the Tide"의 내용을 참고해보면 입학사정관들이 어떤 의미에서 봉사활동을 바라보는지, 그리고 우리 아이에게 어떻게 적용해야 하는지 참조해 볼 수 있습니다. 시간 내셔서 꼭 한 번 원문을 읽어 보시기 바랍니다.

대략 이 글을 요약해보면, 아래와 같은데요.

1. 대학들은 단기적인 활동이 아닌, 꾸준히 이어 나가는 봉사활동을 높이 평가합니다. 즉, 단순히 시간만 채우는 것이 아니라 스스로 선택한 활동에 장기적으로 참여하며 내실 있는 경험을 쌓는 것이 중요합니다. 이러한 경험은 활동 후에 본인의 성장과 의미를 돌아보는 시간을 포함하면 더욱 좋습니다.

2. 진정한 봉사란 '함께하는' 것입니다. 즉, 다른 사람들과 협력해 공동체의 문제를 해결하려는 활동을 추천합니다. 단순히 도와주는 역할을 넘어서, 지역사회가 당면한 문제를 인식하고 이를 해결하는 데 함께 기여하는 봉사활동은 의미 있고 지속 가능한 변화를 만들 수 있습니다.

3. 대학은 가정이나 커뮤니티에서 본인이 감당하는 역할을 중요하게 봅니다. 예를 들어, 어린 동생을 돌보거나 가사를 돕는 것, 생계를 위해 일하는 경우도 모두 가치 있는 기여로 인정됩니다. 이러한 활동은 가족과의 관계뿐만 아니라 책임감 있는 자세를 보여주는 중요한 지표가 될 수 있습니다.

4. 활동의 숫자보다는 봉사활동의 질이 중요합니다. 많은 봉사활동을 억지로 채우는 것보다, 본인이 진정으로 가치 있게 여기는 봉사에 집중해 깊이 있는 경험을 쌓는 것이 대학에 긍정적인 인상을 남길 수 있습니다.

5. 봉사활동은 개인이 느끼는 감사와 사회적 책임감을 함양하는 기회로 여겨져야 합니다. 봉사 경험을 통해 사회에 대한 긍정적인 감정을 키우고, 미래에 대해 책임감을 갖는 자세를 기르는 것이 중요합니다.

결론적으로, 진정성 있고 지속적인 봉사활동, 가족 및 지역사회에 대한 기여, 그리고 깊이 있는 성찰을 포함한 봉사 경험이 대학이 원하는 봉사활동의 핵심입니다. 그러면 이 핵심이 내 아이한테 어떻게 적용될 수 있는지 한번 생각해 볼까요?

예를 들어, 양로원에서 봉사활동을 한다고 가정해볼게요.
A 학생은 봉사 시간에 맞춰 양로원에 방문하여 어르신들의 말벗이 되어 드리고, 정해진 시간 동안 함께 앉아 그림을 그리며 돕고 집으로 돌아옵니다. (거의 많은 학생들이 양로원 봉사활동을 하는 경우 아마도 이 정도 선에서 그치는 게 태반일 겁니다.)

반면, B 학생은 봉사 시간 동안 어르신들과 대화를 나누며 그분들의 관심사와 이야기에 귀를 기울여 친밀감을 형성합니다. 함께 그림을 그릴 때도 단순히 돕는 것에 그치지 않고, 같이 봉사활동 하는 학생들과 연말에 어르신들의 작품을 모아 동네 도서관에서 전시회를 기획합니다. 이를 계기로 어르신들이 작품을 통해 더 많은 사람들과 소통할 수 있는 기쁨을 느끼고, 지역 주민들이 함께 어우러질 수 있는 기회를 마련하는 것이죠.

만약 이 글을 읽고 계시는 여러분이 입학사정관이라면 어떤 학생에게 더 높은 점수를 줄지는 매우 명확하죠.

그럼 첫 질문이었던 "어떤 봉사활동이 입시에 유리한가?"로 되돌아가보면 이에 대한 답도 매우 명확해집니다.

바로, 입시에 유리한 봉사활동이 따로 있는 것이 아니라, 봉사활동을 통해 내가 그 과정에서 무엇을 느꼈는지, 느낀 걸 가지고 사회에 어떻게 공헌했는지가 핵심 포인트입니다. 그리고 이 부분이 추후 에세이에 잘 녹아들어가면 그것이 바로 입시에 가장 유리한 봉사활동이 되는 것입니다.

📌 Gio's Tip
입학사정관이 보는 Work Experience

대학교들은 학생들이 일한 경험을 매우 긍정적으로 평가합니다. 실제 사회에서 일을 하며 사회생활을 어떻게 해왔는지, 고객과 어떻게 상호작용했는지 등을 중요하게 봐요. 학생들이 일을 통해 배우는 것들은 대학 입시와 직접적인 관계가 없더라도 중요한 가치가 됩니다. 일은 단순한 아르바이트나 단기 경험이 아니라, 사회에 나가기 전에 세상에 대한 경험과 노동의 가치를 배우는 기회가 됩니다. 요즘 학생들 중에는 세상과 동떨어져 살고, 커뮤니티에 대한 감사함이나 힘든 일을 통해 얻는 보상의 중요성을 모르는 경우가 많습니다. 대학들은 그런 학생들이 일을 통해 성장하고, 더 넓은 세상을 배우길 기대합니다.

저도 고등학교 시절, 일식집에서 서버로 일한 경험이 있습니다. 처음으로 사람을 응대하는 진짜 직업을 경험하며, 더 이상 학생이 아니라 직원이 된다는 사실을 깨달았습니다. 서빙이 단순히 주문을 받고 음식을 내고, 때때로 진상 손님을 대처하는 일이라고 생각했지만, 실제로는 식당이 하나의 커뮤니티라는 것을 알게 되었습니다. 스시 셰프와 긴밀하게 소통하며, 손님의 음식물 알레르기 정보는 즉시 전달하고, 주문이 제대로 나왔는지 체크하는 등, 서버인 제가 식당의 원활한 운영을 조율해야 했습니다. 가운데서 다리 역할을 하며 손님과 식당에 직원분들 모두를 만족시켜야 하는 일은 쉽지 않았지만, 이런 경험을 원서에 녹여낼 수 있었어요.

서버로 일하면서 또 중요한 점은 손님을 관리하는 일이었습니다. 손님이 물이나 티슈가 필요할 때, 기분이 안 좋아 보이면 서비스를 더 제공해야 할 때 등, 상황을 빠르게 파악하고 적절하게 대응하는 능력을 기를 수 있었습니다. 어떻게 하면 손님의 식사가 더 기분이 좋을 수 있을지를 항상 고민하며, 그 고민이 다른 사람을 생각하는 마인드를 기르는 데 큰 도움이 되었습니다. 이 경험을 통해 저는 타인의 입장에서 생각하는 법을 배웠고, 그 경험이 대학에서도 중요한 자질로 평가되었습니다.

저는 한-영 프리랜서 번역가로 1년 동안 일한 경험도 있습니다. 이 프리랜서 일은 처음에는 자투리 시간을 활용해 단순히 돈을 벌고 싶어서 시작했습니다. 저는 이 점을 솔직하게 원서에 썼습니다. 어떤 대학은 일하면서 번 돈으로 무엇을 했는지 물어보기도 했는데, 저는 "차를 사기 위해 모은다"고 솔직하게 말했습니다. 제 의도와 사용 목적을 투명하게 드러냄으로써, 대학들은 저를 더 잘 이해할 수 있습니다. 학교 활동 외에 틈틈히 시간내어 주 10시간씩 일했다는 것은 학교와 다른 활동들을 어떻게 잘 조율했는지를 보여줍니다. 차를 사기 위해 돈을 모은다고 표현했을 때, 그게 다소 이기적인 목적처럼 들릴 수도 있지만, 사실은 미래를 위해 투자하는 과정이었고, 부모님에게 의존하지 않고 스스로의 미래를 준비하는 모습을 보여줄 수 있었던 거죠.

마지막으로, 저는 개인 과외도 했습니다. 이 경험은 원서에서 크게 부각되지는 않았지만, 제 주변에서 과외 관련 일을 하는 친구들이 많았습니다. 제 친구들 중에는 구몬이나 Mathnasium, Russian School of Math와 같은 학원에서 일을 하고, 매니저로 승진한 친구들도 있었죠.

결국, 대학은 단순히 학업적인 성취뿐만 아니라, 현실 세계에서의 경험을 통해 학생이 어떻게 성장해왔는지를 중요하게 봅니다. 제 경험들은 모두 실제적인 사회 경험을 통해 얻은 배움들이었고, 그것이 제가 대학에서 어떤 사람으로 성장할지를 잘 보여주는 부분이었습니다.

📌 Gio's Tip
나의 여름 연구 인턴십 경험

저는 고등학교 여름에 University of Southern California(USC)에서 연구를 했어요. 줄기세포 연구실에서 청력 재생의 메커니즘을 연구했죠.

랩에서 정말 많은 걸 배웠어요. 학교 교과서에서만 접했던 CRISPR-Cas9 같은 Gene-editing 테크놀로지를 직접 사용해보고, PCR이나 Gel Electrophoresis 같은 기법들을 실제로 활용해보면서, 나의 실험에 맞춰 스텝하는 법도 배웠어요. 교과서에서 실험이 중요하다고 강조되지만, 중요한 건 그 실험을 어떻게 진행하는지를 넘어, 각 스텝이 왜 필요한지, 그리고 원하는 결과를 얻기 위해 실험을 어떻게 변경해야 하는지를 이해하는 거라고 느꼈어요.

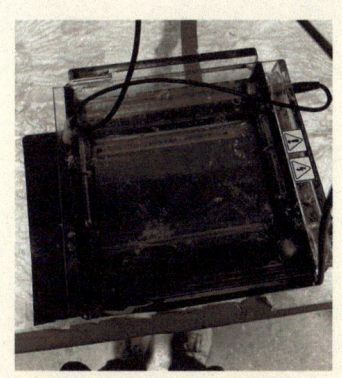

Gel Electrophoresis 실험 장면

또 신기했던 점은 연구실의 문화였어요. 정말 과학을 사랑하는 사람들이 모여 있고, 배우고 싶다면 누구든지 도와주려고 했어요. 권위적인 분위기가 아니라 자유롭게 토론하는 분위기였죠. 랩에 처음 갔을 때, 저는 고등학생이라 대학원생들과 박사들이 있는 곳에서 조금 위축됐었어요. 그런데 박사후 연구과정에 계시는(postdoctoral researcher) Peter 박사님이 "그냥 Peter라고 불러"라고 하시면서 자기 연구를 설명해주시고, "이건 왜 이럴까?"라고 저에게 의견을 물어보셨어요. 처음엔 박사님이 저에게 일을 시키고 권위적으로 대하실 거라 생각했는데, 오히려 저의 생각을 존중해주시고 더 깊게 생각을 할 수 있게 도와 주셨어요.

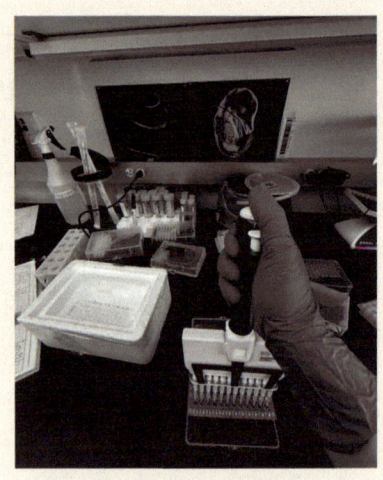

PCR 실험을 위해
Multi-channel Pipette을 사용하는 장면

매주 수요일마다 연구실 미팅이 있었어요. 모두 회의실에 모여서 한 명씩 돌아가며 그 주의 연구 진행 상황을 발표하고, 교수님께서 바로 피드백을 주시고, 랩 멤버들이 질문을 하며 연구 방향에 대해 서로 조언을 주고받았죠. 저

는 주로 한 대학원생과 함께 일했지만, 매주 랩 미팅에 참여하면서 다른 사람들의 연구에 대해서도 알게 되었어요. 랩 미팅이 끝난 후, 점심시간에 발표한 사람에게 더 자세히 설명을 부탁했고, 모든 랩 멤버들이 친절하게 배경부터 자세히 설명해주며 저를 도와주셨어요.

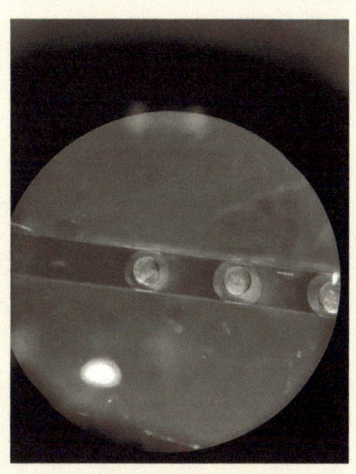

현미경 아래서 관찰한
CRISPR-Cas9을 주입한 제브라피시 배아

연구실에서 여름 동안 일하면서 느낀 점은, 내가 원하고 노력하는 만큼 사람들의 도움이 따른다는 거예요. 그냥 수동적으로 앉아 있으면 아무것도 얻을 수 없어요. 친구 중에 연구실에 들어가서 그냥 하루 종일 논문만 읽고, 아무것도 하지 않아서 이런 소중한 연구 경험을 놓친 친구도 있죠. 먼저 질문하고, 실험이 어떻게 진행되는지 물어보고, 가능하다면 내가 직접 해볼 수 있는지 물어봐야 해요. 열정을 가지고 접근하면, 랩의 멘토들이 도와주고 하나라도 더 가르쳐주려고 하거든요.

Part 5. Standardized Tests

SAT와 ACT 중
어떤 걸 준비해야 할까?

SAT와 ACT는 종종 한국의 수능과 비교되곤 하지만, 사실 그 둘은 전혀 다릅니다. 수능처럼 특정 과목에 대한 깊이 있는 학습을 요구하거나 모든 학생이 같은 방식으로 시험을 보는 것과는 다르게, SAT와 ACT는 단지 미국 대학 입시에 필요한 표준화된 시험입니다.

그리고 요즘 많은 대학들은 SAT나 ACT 점수를 제출하지 않아도 입학 허가를 받을 수 있는 'Test-optional' 정책을 채택하고 있기도 해서, 이 시험들은 더 이상 결정적인 요소로 작용하지 않기도 합니다.

그러나 많은 학교들의 Test-optional 정책에도 불구하고, SAT나 ACT 성적을 내는 학생의 비중은 여전히 높은 게 현실인데요, 그렇다면 SAT와 ACT 중 어떤 시험을 봐야 할까요? 결론부터 말하자면, 각 시험의 특징을 잘 이해하고, 실제 시험시간과 비슷한 환경 및 제한된 시간동안 모의 시험을 치러본 후 자기 스타일에 맞는 시험을 선택해서 준비하면 된다는 것입니다.

SAT는 크게 영어와 수학으로 나뉘며, 수학 문제는 계산기를 사용할 수 있는 파트와, 계산기 없이 푸는 두 가지 파트로 나뉩니다. 반면, ACT는 영어,

수학, 읽기, 과학의 네 가지 영역으로 구성되며, 과학 섹션이 포함된다는 점이 특징입니다. 과학 섹션이 있다고 해서 과학 지식이 깊게 필요하지는 않지만, 과학지문을 이해하고 데이터와 그래프를 분석하는 능력은 필요합니다. 또한, ACT는 지문이 짧고 문제 수가 많아 문제를 푸는 속도가 중요한 반면, SAT는 지문이 길고 문제 수는 적어 상대적으로 생각할 여유가 있는 편입니다.

이처럼 SAT와 ACT는 시험의 형식이나 스타일이 다르기 때문에, 각 시험이 본인의 강점에 맞는지 고려해보는 것이 좋습니다. 예를 들어, 수학에서 더 강한 자신감을 느끼거나, 과학적 사고가 빠르다고 생각한다면 ACT가 더 나을 수 있습니다. 반면, 문법이나 독해에 강하고 계산기를 사용하지 않고 문제를 푸는 것에 익숙하다면 SAT가 더 적합할 수 있습니다.

언제부터 어떻게 준비해야 할까?

SAT와 ACT 준비는 너무 일찍 시작하는 것보다 적절한 시점에 시작하는 것이 더 효과적입니다. 아무래도 수업에서 배우는 내용들을 통해 배경 지식이 쌓이면서 점차 문제를 더 쉽게 풀 수 있게 되기 때문입니다.

일반적으로 11학년 봄이나 여름 방학 초부터 준비해서 여름 방학이 끝나기 전에 시험을 마치는 것을 추천합니다. 여름 방학에는 4시간 정도 걸리는 모의고사를 집중적으로 풀어볼 시간적 여유도 되고요. 또한, 이 시점은 학생들이 대부분 고등학교에서 중요한 수학 개념과 영어 문법을 어느 정도 익힌 상태입니다. 따라서 SAT나 ACT 준비를 시작하기에 충분히 기초를 다졌으며, 본격적으로 시험 준비를 시작하기에 적절한 시기인 거죠. 이 시험들은 수능처럼 킬러 문항이 있는 시험이 아니기 때문에, 반복적인 연습을 통해 시험의 패턴과 문제 유형을 익히는 것이 중요합니다. 시중에 문제집을 팔기도 하지만, Khan Academy(칸 아카데미. 온라인)를 이용해서 무료로 기출 문제를 풀어볼 수도 있습니다. 문제집을 구매하는 경우, 여러 출판사에서 다양한 문제집이 나와있지만, SAT와 ACT의 공식 사이트에서 출간한 Official Practice가 가장 실전 문제 유형에 가깝다고 볼 수 있습니다.

SAT/ACT 에서 __ 점을 받았어요. 다시 봐야 할까요?

SAT나 ACT 점수를 받은 후, 다시 시험을 봐야 할지 고민하는 것은 많은 학생들이 공감하는 딜레마입니다. 이 결정은 단순히 점수 자체만으로 판단하기보다는 여러 요소를 고려하여 신중하게 내려야 합니다.

가장 먼저 생각해야 할 점은 목표 대학의 평균 점수입니다. 지원하려는 대학의 Common Data Set(CDS)를 살펴보면, 학생들의 상위 25%, 평균 50%, 하위 25%의 SAT/ACT 점수 범위가 각 섹션별로 공개되어 있습니다. 본인의 점수가 상위 25%에 속한다면, 굳이 점수를 올리기 위한 재시험을 고려하지 않아도 됩니다. 그 시간에 교과나 에세이 등 다른 쪽에 집중하는 게 훨씬 나은 선택입니다. 그러나 목표 점수보다 현저히 낮거나 하위 25%에 속한다면, 재시험을 준비해 더 나은 점수를 얻는 것이 유리할 수 있습니다.

Assessment	25th Percentile Score	50th Percentile Score (not used in BFCR)	75th Percentile Score
SAT Composite (400 - 1600)	1480	1520	1550
SAT Evidence-Based Reading and Writing (200 - 800)	720	740	770
SAT Math (200 - 800)	760	780	790
ACT Composite (0 - 36)	33	34	35
ACT Math (0 - 36)			
ACT English (0 - 36)			
ACT Reading (0 - 36)			

출처: 코넬 대학교 홈페이지 2023-2024 CDS에서 일부 발췌
(https://irp.cornell.edu/common-data-set)

위의 사진은 코넬의 홈페이지에 올라온 2023-2024년도 CDS인데요, 섹션 C9를 보면 SAT/ACT 점수를 제출한 학생들의 25%(하위 25%), 50%, 75%(상위 25%)의 스코어가 나와있는 걸 볼 수 있습니다. 이렇게 CDS를 참조해서 본인이 목표하는 대학교의 SAT/ACT 목표점수를 정할 수 있는 거죠.

또한, 시험 점수 외에 다른 입학 요소도 중요합니다. 표준화 시험 점수는 대학 입학 사정 과정의 일부일 뿐입니다. 강력한 에세이, 인상적인 과외 활동, 높은 GPA, 또는 독특한 개인적 배경이 있다면, 점수가 약간 낮더라도 보완할 수 있습니다. 만약 본인의 다른 입학 요소가 약하다면, 시험 점수 향상이 더 큰 영향을 미칠 수 있습니다.

시험 점수가 개선될 가능성도 판단해야 합니다. 첫 시험에서 긴장했거나 준비가 충분하지 않았다고 느낀다면, 두 번째 시험에서 더 나은 성과를 기대할 수 있습니다. 또한, 첫 시험 이후 시험의 구조와 문제 유형에 익숙해졌다면, 재시험 시 더 나은 전략으로 접근할 수 있을 것입니다. 이와 함께, 시험 준비 과정에서 모의고사를 다시 풀어보고 점수 변화 추이를 확인하는 것도 재시험 여부를 결정하는 데 도움이 됩니다.

마지막으로, 수퍼 스코어 정책을 고려해야 합니다. 상당수의 대학들이 여러 번 본 시험의 최고 섹션의 점수를 골라서 합산해 평가하는 수퍼 스코어 정책을 적용합니다. 이 경우, 특정 섹션에서의 점수가 다른 섹션보다 현저히 낮고, 이 섹션의 점수를 더 올릴 가능성이 있다면 재시험을 보는 것이 유리할 수 있습니다.

GPA와 표준화 시험 점수는 어떻게 함께 평가되는가

대학 입학 지원서를 준비할 때, SAT나 ACT 점수는 중요한 요소 중 하나이지만, 이를 너무 절대적으로 생각하지 않는 것이 중요합니다. 입학사정관들은 학업적 성취를 한 가지 지표로만 판단하지 않기 때문이죠. GPA, 교과 수업 난이도, 그리고 표준화 시험 점수들(AP와 IB 성적, SAT나 ACT 점수 등)은 모두 함께 고려되며, 이 모든 요소들이 합쳐져 학업적 성공이라는 큰 카테고리를 형성합니다. 따라서, 표준화 시험 점수가 약간 부족하더라도 다른 요소에서 강점을 보인다면 충분히 보완될 수 있습니다.

만약 GPA가 매우 높고, AP 또는 IB 점수에서 우수한 성적을 보였다면, SAT 점수가 약간 기대치에 못 미치더라도 큰 문제가 되지 않을 가능성이 큽니다. 왜냐하면, GPA가 높다는 것은 학생이 4년간 꾸준히 학업에 성실하게 임했음을 보여주며, 고난이도의 AP나 IB 과목에서 높은 점수를 받았다는 것은 학생이 학문적 도전 과정을 성공적으로 이루어냈다는 걸 증명하기 때문이죠. 이러한 경우, SAT는 단지 한 가지 참고 자료일 뿐 입시 결과를 좌우하는 요소가 아닙니다.

지원서를 준비할 때, 자신이 강점으로 내세울 수 있는 부분을 중심으로 전략을 세워야 합니다. 이미 GPA가 높고 AP 점수가 훌륭하다면, SAT나 ACT에서 조금 부족하더라도 과외 활동, 리더십 경험, 또는 에세이를 통해 자신의 열정과 성과를 강조하는 것이 중요합니다. 반대로, SAT나 ACT 점수에서 강점을 보이고 있다면, 이 점수를 보완할 수 있는 에세이나 추천서를 통해 지원서를 더욱 강화시켜야 하는 것이죠.

입시는 단순히 숫자나 점수로 이루어진 경쟁이 아닙니다. 모든 카테고리가 서로를 보완하며, 자신의 강점과 열정을 입학사정관들에게 설득력 있게 전달하는 것이 성공적인 입시의 열쇠임을 잊지 마시기 바랍니다.

Part 6.
원서의 꽃 에세이

예일 입학사정관에게 듣는
<강력한 에세이 작성법>

어떤 에세이가 그 수많은 에세이 중 stand out할 강력한 에세이일까?

미국 대학 입시를 준비하면서 이걸 고민해 보지 않은 학생은 아마 단 한 명도 없을 겁니다. 그럼, 에세이는 이렇게 써야 한다더라...라는 카더라 통신 말고, 어떤 에세이가 강력한 에세이가 될 수 있는지, 어떤 실수를 하지 말아야 할지 예일 어드미션 오피스의 팟 캐스트를 통해 파악해 볼까요?

출처: 예일 대학교의 팟캐스트 "Inside the Yale Admissions Office Podcast"
에피소드 4에서 일부 발췌 (https://admissions.yale.edu/podcast)

Inside the Yale Admissions Office 팟캐스트 에피소드 4, "Essays: What Works"에서는 입학사정관들이 입학 에세이를 통해 학생들이 어떤 점을 보여주기를 원하는지 자세히 설명해 주고 있는데요. 이 에피소드에서는 에세이의 주요 목적, 효과적인 에세이의 특징, 그리고 지원자가 흔히 저지르는 실수를 다루고 있습니다.

이 내용들을 통해 우리는 효과적인 에세이가 어떤 에세이인지 가장 기본적이면서도 중요한 팁을 얻어볼 수 있을 것 같네요. 예일 홈페이지에서 원문을 청취하실 수 있으니 시간 내셔서 원문을 꼭 들어보시길 추천합니다.

시간 없으신 분들을 위해 팟 캐스트의 내용을 요약해드리면,

에세이의 목적
예일대학교 입학사정관들은 에세이를 통해 지원자의 학업 성적이나 활동 이력 이상의 것을 알고자 합니다. 지원서의 다른 부분에는 이미 지원자의 학업적 성취와 다양한 활동 참여 내용이 포함되어 있으므로, 에세이에서는 지원자가 단순히 어떤 성취를 이뤄왔는지를 넘어서 어떤 사람인지를 이해하는 데 집중합니다. 이를 통해 사정관들은 지원자의 성격, 가치관, 열정, 그리고 인간적인 면모를 더 깊이 파악하고자 합니다.

따라서, 에세이에서 지원자가 자신에게 중요한 가치나 우선순위를 보여주기를 기대합니다. 예를 들어, 지원자가 단순히 어떤 일에 참여했다는 사실보다 그 경험이 지원자의 인생관에 어떤 영향을 주었고, 그로 인해 어떤 성장이나 변화를 겪었는지를 드러내는 것이 중요합니다. 이는 지원자의 인생에서 특

별한 의미를 가진 사건이나 일상적인 경험에서 얻은 내면의 깨달음 등, 지원자만이 할 수 있는 고유한 이야기를 통해 이루어질 수 있습니다.

이처럼 에세이는 지원자가 대학의 커뮤니티에서 어떤 역할을 할 수 있을지, 그리고 그 공동체에 어떠한 가치를 더할 수 있을지에 대한 중요한 단서를 제공하는 창구가 됩니다.

강력한 에세이의 특징
이 에피소드에서 입학사정관들은 지원 에세이가 독창적이고 진솔하며, 학생의 개인적 성장 과정을 구체적으로 드러낼 때 강한 인상을 남긴다고 설명합니다. 이들은 좋은 에세이가 과도하게 포장된 주제나 미사여구를 사용하기보다는, 사소해 보일 수 있는 일상 경험에서조차 의미 있는 성찰을 이끌어내는 방식으로 작성된다고 강조합니다.

강력한 에세이는 주제를 지나치게 극적으로 꾸미지 않고도 독자에게 삶에 대한 진지한 교훈을 전달할 수 있습니다. 예를 들어, 학업에서의 성취나 거창한 업적을 나열하는 대신, 어려운 상황을 극복하며 자신이 깨달은 교훈을 구체적으로 풀어내거나, 일상에서 마주한 작은 사건을 통해 삶의 본질에 대한 깊은 통찰을 보여줄 때 오히려 더 강한 감동을 줄 수 있다는 것입니다. 이를 통해 입학사정관은 그 지원자가 겪은 내면적 성장과 성찰의 깊이를 엿볼 수 있습니다.

특히 예일대는 이야기의 신선함과 진정성을 높게 평가합니다. 이는 어떤 큰 사건이나 성공담을 이야기하지 않더라도, 작은 경험을 통해서도 얻은 소중한 가르침을 자연스럽게 드러내는 방식으로 전달할 수 있습니다. 이러한 에세이들은 입학사정관에게 지원자가 어떤 가치관을 지니고 있는지, 그리고 앞으로 예일 커뮤니티에서 어떻게 기여할 수 있을지를 잘 보여줍니다.

흔한 실수와 피해야 할 점
입학사정관들은 에세이 작성 시 주의해야 할 몇 가지 흔한 실수도 함께 공유했습니다. 우선, 마치 완벽한 지원자처럼 보이기 위해 자신의 경험을 과장하거나 꾸며내는 것은 오히려 부정적인 인상을 남길 수 있습니다. 너무 형식적이거나 단조로운 글은 사정관의 관심을 끌기 어렵기 때문에, 자기만의 독특한 색깔과 자연스러운 표현이 중요합니다.

특히, 상투적인 표현이나 지나치게 영웅적인 서사는 피해야 한다고 조언합니다. 예를 들어, 큰 어려움을 극복한 경험을 서술할 때는, 그 과정을 어떻게 표현하느냐가 중요하지 단순히 극적인 서술이 중요한 것은 아닙니다. 입학사정관들은 지원자가 독창적인 시각과 개인적인 경험을 중심으로 글을 전개하여 자기만의 고유한 이야기를 들려주는 것이 훨씬 더 효과적이라고 강조합니다.

반짝이는 "나"를 보여줄
Personal Statement

Personal Statement

흔히 커먼 앱 에세이라고 부르는 Personal Statement는 커먼 앱의 Writing Section에서 작성하게 됩니다. 커먼 앱에는 총 7개의 Personal Statement 주제가 있습니다. 이 중 하나를 골라서 650 words를 쓰면 되고요. 주제를 한번 살펴볼까요?

○ Some students have a background, identity, interest, or talent that is so meaningful they believe their application would be incomplete without it. If this sounds like you, then please share your story.

○ The lessons we take from obstacles we encounter can be fundamental to later success. Recount a time when you faced a challenge, setback, or failure. How did it affect you, and what did you learn from the experience?

● Reflect on a time when you questioned or challenged a belief or idea. What prompted your thinking? What was the outcome?

○ Reflect on something that someone has done for you that has made you happy or thankful in a surprising way. How has this gratitude affected or motivated you?

○ Discuss an accomplishment, event, or realization that sparked a period of personal growth and a new understanding of yourself or others.

○ Describe a topic, idea, or concept you find so engaging that it makes you lose all track of time. Why does it captivate you? What or who do you turn to when you want to learn more?

○ Share an essay on any topic of your choice. It can be one you've already written, one that responds to a different prompt, or one of your own design.

출처: CommonApp 홈페이지에 나와 있는 Personal Statement 주제
(https://www.commonapp.org/)

네, 어느 하나도 단편적이거나 쉬운 주제는 없습니다.

7개의 주제를 모두 보여드렸는데, 마지막 자신이 원하는 토픽을 정하라는 것을 제외한 6개의 주제들을 관통하는 어떤 단어들이 눈에 띄시나요? your story, learn from experience, motivated you, understanding of yourself, captivate you 등등이 보이셨다고요? 네, 맞게 보신 겁니다.

이 Personal Statement에서는 자신이 겪어왔던 시간 속에서 (지난 4년의 학창 시절뿐만 아니라, 자신의 인생) 자신의 개인적인 경험, 도전, 성장의 얘기를 풀어가야 하는 거죠. 네... 정말 어려워서 몇 주 동안 시작조차 못하고 생각할수록 머릿속만 꼬이는 경우가 진짜 허다합니다. 그래서 부모님의 도움이 가장 필요한 곳이기도 하고요. 그럼 조금 구체적으로 어떻게 접근할 수 있을지 말씀드려볼게요.

부모님의 도움 – 생각 자료 모으기
먼저 이 부분을 끌어내기 위해, 아이와 지난 시간에 대한 얘기를 정말 많이 해보셔야 합니다. 사진, 기억, 사건 등. 사소한 것들일 수도 있지만 아이가 에세이를 시작할 수 있는 출발점이 되기도 하거든요. 아직 미들 혹은 9학년의 어린 자녀를 둔 부모님이 이 글을 읽고 계신다면 틈틈이 자료들을 모아두시라고 꼭 말씀드리고 싶습니다.

너를 보여줘 – 줄기 잡기
Personal Statement의 주제가 여러 가지여도 이걸 관통하는 얘기는 하나로 귀결됩니다. 결국 "네가 누구인지 궁금해. 네 얘기를 해봐"죠. 부모님과의 대화를 통해서든, 내면의 나를 탐구하는 시간을 통해서든, 이 에세이에는 내가 어떤 생각을 가진 사람인지, 어떤 사건을 계기로 지금의 내가 되었는지, 앞으로 어떤 삶을 살고 싶은지에 대한 이야기가 담겨 있어야 합니다. 경험이 특별할 필요는 없지만, 그 경험이 나를 어떻게 만들어왔는지가 특별해야 하는 것이죠.

기승전결 – 산으로 가지 않도록 구조적으로 쓰자

이 중요한 에세이가 어디로 향하는지, 무슨 이야기를 하려는지 명확하지 않다면, 입학사정관은 서너 줄 읽은 후 곧바로 휴지통으로 던져버릴 수도 있습니다. 글이 산만하게 끝나지 않도록 기승전결 구조로 쓰는 것이 좋겠죠.

- 서론에서는 첫 문장으로 궁금증을 유발하며, 에세이의 주제나 방향성을 암시하는 것이 중요합니다. 이를 영어에서는 훅(Hook)이라고 표현하는데요, 강렬한 첫 문장이나 인상적인 시작으로 얘기를 끌어가야 합니다.

- 본론에서는 자신의 경험을 생생하게 담아내며, 성장 과정을 구체적으로 보여주는 것이 좋습니다. 하나의 주제에 집중해 중요한 사건, 개인적 깨달음, 성장을 일으킨 요소 등을 자세히 설명함으로써 글을 읽는 입학사정관의 공감을 끌어내고, 구체적인 상황, 감정, 문제 해결 과정을 묘사하여 자신만의 독특한 색깔을 드러내는 것이 여기서의 핵심입니다. 모든 아이에게는 자기 자신만의 반짝거리는 스토리가 있음을 잊지 마시기 바랍니다.

- 결론에서는 본론과 연결하여 앞으로의 계획, 목표, 혹은 대학에서 이루고 싶은 꿈 등을 구체적으로 제시하며 에세이를 마무리하는 방향으로 쓰면 됩니다.

Additional Information

말 그대로는 제목이 Additional Information이기 때문에, 이미 Personal Statement에서 지칠 대로 지쳐버린 우리 아이들은 이 칸은 더 이상 쓰고 싶어 하지 않죠.

하지만, 입시 원서에서 쓸 수 있는 칸은 매우 중요합니다. 글자 수까지 제한하는 마당에 쓸 수 있는 칸이 있다면 무조건 써야죠. 여기에는 보통 앞에 넣었던 정보들과는 겹치지 않지만, 그래도 이걸 꼭 더 알려주고 나를 어필하고 싶다 하는 걸 쓰면 됩니다.

예를 들어, 만약 9학년 때 학점이 매우 안 좋았었다면 어떤 특별한 개인적인 사유가 있었는지를 써도 좋고, 본인의 웹페이지나 포트폴리오, 리서치에 대한 Abstract 등이 있다면 여기를 활용하여 기재할 수 있습니다.

잊지 마세요. 입시 원서에서 한 칸 한 칸, 한 글자 한 글자는 매우 중요하고 전략적으로 써야 합니다.

강력한 훅으로
3초 만에 시선 사로잡기

입학사정관은 매년 수천, 수만 장의 에세이를 읽습니다. 평범한 시작은, 설령 끝이 강력하게 마무리되더라도, 입학사정관의 눈길을 사로잡기가 어렵습니다. 같은 문장이라도 강력한 훅(Hook)으로 첫 문장에 공을 들여야 합니다. 이러한 훅은 에세이를 읽는 사람의 호기심을 유발하고, 이야기에 빠져들게 하는 역할을 하기 때문이죠. 그래서 에세이의 주제를 강조하면서도 독특하고 개인적인 감정을 표현할 수 있는 훅에 공을 들이는 것이 매우 중요합니다.

예를 들면, 일전에 한국의 몇몇 신문에도 소개된 2023년도 하버드에 합격한 10대 소녀의 이야기인데요, 그녀의 에세이 첫 시작은 "I was born in prison"이었죠. 심플하고 짧지만 강렬한 이 첫 문장을 보는 순간 누구나 이 에세이의 내용이 매우 궁금해지는 건 너무나 당연하겠죠?

꼭 나오는 질문 "Why This College?" 이 세 가지만 꼭 기억하세요

미국 대학 지원 과정에서 꼭 나오는 에세이 질문 중 하나가 바로 "Why This College" 에세이입니다. 대학들이 이 질문을 던지는 이유는 단순히 지원자의 관심을 확인하려는 것이 아니라, 그 대학이 지원자에게 어떤 의미가 있는지, 지원자가 그 학교를 어떻게 이해하고 있는지, 그리고 그 대학의 프로그램, 리소스, 가치관이 지원자의 목표와 어떻게 맞아떨어지는지를 알고 싶어 하기 때문이죠. 따라서 단순히 "이 학교가 제 드림 스쿨입니다"와 같은 막연한 답변으로는 충분하지 않습니다. 그럼 지금부터 "Why This College" 에세이를 설득력 있게 작성하는 방법에 대해 얘기해 보겠습니다.

구체적으로 나를 차별화하자

"Why This College" 에세이에서 가장 중요한 것은 바로 구체적인 이유를 제시하는 것입니다. 많은 학생이 "이 학교의 명성이 뛰어나서 좋아요" 혹은 "이 학교가 대도시에 있어서 제게 매력적이에요"라는 식의 일반적인 이유를 쓰곤 하는데, 이런 답변은 많은 학생이 비슷하게 쓸 수 있어 차별화가 어렵죠.

그럼 어떻게 차별화를 할 수 있을까요? 바로 답은 학교에 대한 리서치에 있습니다. 학교의 웹사이트, 뉴스 페이퍼, 프로그램, 교수진, 저널, 논문, 동아리 활동 등을 꼼꼼히 조사해 보면 답이 좀 보일 겁니다. 그리고, 본인이 전공하고 싶어 하는 분야와 및 고등학교 4학년 동안 해왔던 액티비티 등과 연결하여, 그 학교에만 있는 특별한 리서치나 수업, 특정 교수님이 진행하는 연구 분야 등을 찾아서 읽고 언급해 보는 겁니다.

예를 들어, "xxx 학교의 생물학 프로그램에서 제공하는 야생 생태 보존 연구 기회는 저의 관심사와 완벽하게 일치합니다."와 같이 구체적인 프로그램을 언급하면 훨씬 설득력 있게 들리는 거죠.

나와 학교를 연결하자!

대학은 단순히 학생이 공부하는 공간이 아니라 앞으로의 진로와 성장을 위한 발판이 되기도 합니다. 따라서 나의 장기적 목표나 관심사를 이야기한 후, 해당 대학이 그 목표를 어떻게 실현하는 데 어떻게 도움이 되는지 연결하는 거죠. 물론, 이후에 내가 학교나 사회에 어떻게 기여할 수 있을지에 대해서도 얘기하면 좋겠죠.

예를 들어 "저는 생명공학 분야에서 오염 정화 기술을 연구해 환경 보호에 기여하고 싶습니다. xx 학교의 생명공학 연구소에서는 xxx 교수님이 주도하는 해양 오염 정화 프로젝트가 진행되고 있으며, 이는 제가 환경 문제 해결을 위해 실질적인 기술을 습득하는 데 중요한 기회를 제공할 거라 생각합니다. 특히, 학교에서 운영하는 xxx 프로그램을 통해 실제 오염 지역에서 현장 연구를 수행해 보고 데이터를 분석할 수 있다는 점이 제가 앞으로 공부해나가고, 지역사회에 기여하는 데 큰 도움이 될 것입니다."라고 써볼 수 있겠네요.

학교의 문화와 나의 가치관이 어떻게 일치하는지 보여주자

대학의 문화와 가치관이 나의 성향과 얼마나 잘 맞는지도 대학 선택에서 중요한 요소이죠. 대학도 이 학생이 본교와 핏이 맞는지를 매우 중요하게 보고 있고요. 단순히 학문적 기회만을 고려하는 것이 아니라, 내가 해당 학교의 커뮤니티에 잘 어울리고 활발하게 기여할 수 있는지를 고민해야 합니다.

예를 들어, 지원하려는 대학이 혁신적 사고와 사회적 기여를 중시하는 대학이라면, 내 경험 중에서도 창의적 문제 해결이나 지역 사회에 기여했던 사례를 통해 그 가치관과 어떻게 일치하는지를 보여주는 것이 좋겠죠. "저는 xxx 창업 프로젝트에서 환경 문제 해결을 위해 새로운 제품을 개발하고, 이를 지역 봉사 단체와 협업해 실제 환경 개선 프로젝트에 적용한 경험이 있습니다. xxx 학교의 혁신적 학습 환경과 사회적 기여를 할 수 있는 xxx 프로그램이 저의 이러한 열정을 더욱 성장시켜 줄 것이라 확신합니다"와 같은 구체적인 예시는 대학과의 조화를 잘 드러내는 데 큰 도움이 될 겁니다.

요약해 보자면:
일단 이 학교에 왜 지원하는지에 대해 학교와 전공에 대한 리서치는 필수이고요, 거기에 자신의 과거 경험을 엮어서 이 학교에 왜 지원했는지, 그리고 앞으로 내가 이 학교에서 얻고 싶은 게 뭐고, 나는 이 학교에 어떻게 기여할 건지를 중심으로 쓰는 게 " Why This College" 에세이의 핵심이라 할 수 있겠네요.

35 words로 "나"를 보여주는 Short Answer Questions

에세이는 500~700 words의 긴 writing만 있는 게 아니죠.

35 ~ 50 words 정도의 짧은 문장으로 '나'를 표현하는 질문들이 있는데요, 사실 이 짧은 문장에 간결하면서도 '나'를 드러내야 하기 때문에 오히려 긴 에세이보다 짧은 에세이를 어떻게 써야 할지 고민하는 경우들이 많습니다.

그럼, 짧은 문장으로 완성하는 에세이 과연 어떻게 써야 할지 지금부터 파헤쳐 볼까요?

먼저 자주 물어보는 질문부터 살펴볼게요.

- Describe yourself in 3 words
- What is your favorite snack?
- If your life had a theme song, what would it be?
- What is your dream trip?
- Which well-known person or fictional character would be your ideal roommate?

- If you could teach a class on any topic, what would it be?
- What are your favorite books and/or movies?
- What is your favorite source of inspiration?
- How do you spend a typical weekend?
- After a challenging experience, how do you rejuvenate?

어떠세요? 짧게 물어보는 질문이니 그냥 편하게 대답하면 된다고요?

절대 안 됩니다.

입학사정관의 입장에서 생각해 보면,

긴 지문 에세이는 학생의 관심사와 경험을 다각도로 표현해 입학사정관이 학생의 지적 깊이와 열정을 충분히 느낄 수 있게 하는 반면, 짧은 지문 에세이에서는 학생의 일상적인 모습, 사소한 취향, 독특한 성격, 취미 등과 같은 정제되지 않은 면을 엿볼 수 있죠.

그럼 우리는 이걸 기회로 활용해야 합니다. 짧은 에세이에서는 완벽하게 포장된 모습보다는 다소 소탈하거나 재치 있게 드러나는 솔직한 모습, 인간적인 면을 부각시키는 게 오히려 진정성을 전달할 수 있죠.

예를 들어, 'What is your favorite snack?'의 질문에 "애플파이"라고 대답하기보다는 "오븐에서 갓 구워낸 따뜻한 애플파이 한 조각"이라고 대답한다면, 따뜻하고 아늑한 취향을 통해 학생의 감성적인 면을 드러낼 수 있을 겁니다.

또 '룸메이트로 누구를 선택할지' 같은 질문은 학생이 어떤 성향의 사람과 어울리는지, 본인이 선호하는 분위기를 보여주는 기회가 될 수 있습니다.

따라서 짧은 지문 에세이는 학생의 순수한 흥미, 일상의 모습, 숨은 매력, 성격, 취미, 인간적인 모습 등을 드러내는 데 집중하는 것이 좋습니다. 이로써 입학사정관은 학생의 다채로운 면모를 간결한 답변을 통해 자연스럽게 파악할 수 있을 테니까요.

주요 Supplemental 주제
- Challenge and Growth

'도전과 성장'이라는 주제는 많은 학교들의 서플 에세이에 공통적으로 나오는 주제 중 하나입니다. 많은 학생들이 대학 에세이를 작성할 때, 특히 '도전과 성장'이라는 주제를 선택하고자 하지만, 그 과정을 어떻게 풀어나갈지 막막함을 느낍니다. 이는 고등학교에서 배우는 논리적이고 분석적인 에세이와는 달리, 대학 에세이는 개인적인 경험과 내면의 이야기를 담아야 하기 때문입니다. 그렇다면 어떻게 이 주제를 효과적으로 풀어나갈 수 있을까요?

MIT: Tell us about the most significant challenge you've faced or something important that didn't go according to plan. How did you manage the situation?

Columbia: In college/university, students are often challenged in ways that they could not predict or anticipate. It is important to us, therefore, to understand an applicant's ability to navigate through adversity. Please describe a barrier or obstacle you have faced and discuss the personal qualities, skills or insights you have developed as a result. (150 words or fewer)

에세이에서 가장 중요한 것은 입학 담당자에게 나를 있는 그대로 보여주는 것입니다. 단순히 정보를 전달하거나 이론을 분석하는 글과는 다르죠. 이는 나의 가치관, 회복력, 그리고 성장 가능성을 입학 담당자가 느낄 수 있도록 돕는 데 초점을 맞춰서 써야 합니다. 그래서 에세이를 쓰기 전에, 내가 어떤 사람인지, 어떤 경험을 통해 성숙했는지 고민해보는 시간이 꼭 필요합니다.

도전 경험이 꼭 극적일 필요는 없습니다.

많은 학생들이 영화 속 한 장면처럼 극적인 사건만이 에세이 주제로 적합하다고 생각하지만, 사실 작고 사소한 도전에서도 의미를 찾을 수 있습니다. 중요한 것은 그 경험을 통해 내가 무엇을 배웠는지, 그리고 그 과정이 나를 어떻게 변화시켰는지에 대한 깊은 성찰입니다. 예를 들어, 학업의 실패를 극복한 이야기, 친구와의 갈등을 해결한 경험, 또는 새롭게 도전한 취미를 통해 느낀 성취감 등도 충분히 훌륭한 주제가 될 수 있습니다.

처음부터 완벽한 글을 쓰려고 하지 않아도 됩니다. 자유롭게 생각나는 대로 적어본 후, 수정 과정에서 내용을 정리하고 다듬는 것이 훨씬 효율적입니다. 초안이 작성되었다면 읽으며 스스로에게 다시 질문해 보시기 바랍니다. 이 글이 나의 인격과 잠재력을 잘 보여주고 있는가? 내가 어떤 사람인지 충분히 전달했는가?

또한, 실패나 불행했던 경험을 이야기할 때 주의할 점은 자신을 단순히 피해자로 묘사하지 않는 것입니다. 문제를 해결하려고 노력했던 나의 능동적인 태도와 긍정적인 변화를 강조하는 것이 훨씬 효과적입니다. 이를 통해 입학사정관에게 나의 성장을 진정성 있게 보여줄 수 있을 것입니다.

Part 7.
전략적인 학교 선정

미국 대학 입학 사정의 비밀
- CDS로 파헤쳐 보기

미국 대학 입시를 준비하는 학생과 학부모라면 대학의 입학 사정 기준이 궁금할 수밖에 없습니다.

"어떤 요소가 가장 중요할까? SAT 점수가 더 중요할까, 아니면 고등학교 성적일까?" 같은 질문들이 머릿속에 떠오를 텐데요, 이 궁금증을 해결하기 위한 강력한 도구가 바로 "Common Data Set(CDS)"입니다.

CDS는 대학 입학 사정 기준을 객관적이고 투명하게 이해할 수 있도록 도와주는 공식 데이터 리포트입니다. 이번 장에서는 CDS를 활용해 미국 대학들이 입학 사정 시 평가하는 요소들을 분석하고, 이를 통해 효과적인 입학 전략을 세우는 방법을 알아보겠습니다. 입시에 매우 유용한 자료이니 염두해 두고 계신 학교별로 잘 분석해 보시기 바랍니다!

Common Data Set(CDS)이란 무엇일까?
CDS는 미국 대학들이 매년 발표하는 표준화된 데이터입니다.
이 자료는 대학의 입학 정보, 학생 구성, 학비, 지원자 관련 데이터 등 대학 운영의 주요 정보를 투명하게 공개합니다. 가장 중요한 부분은 입학 사정 기준을 상세히 설명하는 섹션으로(C7에 있습니다), 대학이 지원자를 평가할 때 어떤 요소를 얼마나 중요하게 여기는지를 명확히 알려줍니다.

CDS는 대학이 제출하는 공식 자료이기 때문에 신뢰도가 높으며, U.S. News 와 같은 가장 공신력 있다고 얘기되는 대학 순위 사이트에서 사용하는 중요한 데이터 소스입니다.

CDS를 통해 알 수 있는 입학 사정 평가 요소
CDS에서는 입학 사정 시 고려되는 다양한 요소를 4단계 중요도로 구분합니다.

1. Very Important(매우 중요)
2. Important(중요)
3. Considered(참고 사항)
4. Not Considered(평가하지 않음)

아래는 대부분의 대학이 CDS에 명시하는 주요 평가 항목입니다:

학업적 요소(Academic Factors)
· 고등학교 성적(GPA): 거의 모든 대학에서 매우 중요한 것으로 평가됩니다.

· 커리큘럼 강도(Rigor of Secondary School Record): 도전적인 수업(AP, Honors, IB 등)을 얼마나 들었는지가 중요합니다.

· 표준화 시험(SAT/ACT): 시험 선택 옵션(Test-Optional)을 제공하는 대

학이 늘고 있지만, 여전히 중요한 요소로 평가됩니다.

비학업적 요소(Non-Academic Factors)

- 에세이(Application Essay): 학생의 사고력, 성격, 목표를 평가하는 데 사용됩니다.

- 추천서(Recommendation Letters): 교사나 카운슬러의 평가가 중요합니다.

- 활동(Activity): 동아리, 봉사활동, 리더십 경험이 평가됩니다.

- 인터뷰(Interview): 일부 대학에서는 인터뷰를 통해 지원자를 심층적으로 평가합니다.

- 특별한 재능(Special Talents): 음악, 스포츠, 예술 등의 특기.

기타 요소

- 학생의 출신지(Geographical Residence): 지역별로 지원자 풀이 다를 때 참고됩니다.

- 가족 배경(Family Background): Legacy(부모나 형제가 해당 대학 졸업생인 경우)나 First Generation(직계 가족 중 대학에 입학하는 첫 세대. 많이들 궁금해하시는데, 한국에서 부모님이 대학을 나왔다면, 해당 학생은 First Generation으로 구분되지 않습니다.) 같은 가계 상황.

· 다양성(Diversity): 인종, 문화적 배경 등이 평가 기준이 되는 경우도 있습니다.

CDS 데이터는 어디에서 볼 수 있을까?

CDS는 대학 웹사이트에서 "Common Data Set" 또는 "CDS 2025"와 같은 키워드로 검색하면 해당 자료를 다운로드할 수 있습니다. 혹은 구글에서 "대학명+CDS+연도"로 검색창에 치면 바로 해당 사이트 링크를 찾을 수 있고요.

CDS를 통해 알 수 있는 보물 같은 정보들

제가 구글에 "UPenn CDS 2024"라고 치니, 유펜의 CDS 링크가 검색되는데요, 글을 쓰고 있는 현 시점에는 34페이지 분량의 2023-2024 CDS가 올라와 있네요.

Common Data Set 2023-2024
University of Pennsylvania

Table of Contents

A	General Information	page 3
B	Enrollment and Persistence	5
C	First Time, First Year Admission	8
D	Transfer Admission	14
E	Academic Offerings and Policies	16
F	Student Life	17
G	Annual Expenses	18
H	Financial Aid	20
I	Instructional Faculty and Class Size	25
J	Disciplinary Areas of Degrees Conferred	27
	Common Data Set Definitions	28

출처: 펜실베이니아 대학교 홈페이지 2023-2024 CDS 중 일부 발췌 (https://www.upenn.edu/)

어떤 내용들이 있는지 주요 내용들만 같이 살펴볼게요. 저희가 주로 궁금한 Admission과 관련한 내용은 Section C에 주로 나와 있으니, 시간이 없으신 분들은 Section C만이라도 찬찬히 뜯어보시기 바랍니다.

아래, C1에는 입학한 학생의 구성이 나와 있는데요, 총 59,465명이 지원했고, 이 중 3,489명이 합격증을 받았네요. 합격증을 받은 학생 중 2,416명이 유펜에 최종 등록했네요.
합격률을 보면, 전체적인 합격률은 5.9% 정도 되고, Domestic 학생의 합격률은 약 6.7% 정도 되며, International 학생의 합격률은 3.1% 정도 됩니다.

	In-State	Out-of-State	International	Total
Total first-time, first-year (degree seeking) who applied	4,748	41,407	13,310	59,465
Total first-time, first-year (degree seeking) who were admitted	419	2,651	419	3,489
Total first-time, first-year (degree seeking) enrolled	346	1,744	326	2,416

C1 출처: 펜실베이니아 대학교 홈페이지 2023-2024 CDS 중 일부 발췌 (https://www.upenn.edu/)

C2에는 웨잇리스트를 총 몇 명에게 주었는지(3,010명), 그중 대기자 명단에 이름을 올리겠다고 응답한 학생이 몇 명인지(2,288명), 그중 웨잇리스트가 풀려 실제 학교에 입학 허가가 난 학생은 몇 명인지(40명)에 대한 정보가 상세히 나와 있습니다.

	Yes	No
Do you have a policy of placing students on a waiting list?	x	

If yes, please answer the questions below for Fall 2023 admissions:

Number of qualified applicants offered a place on waiting list	3,010
Number accepting a place on the waiting list	2,288
Number of wait-listed students admitted	40
Is your waiting list ranked?	No
If yes, do you release that information to students?	
Do you release that information to school counselors?	

C2 출처: 펜실베이니아 대학교 홈페이지 2023-2024 CDS 중 일부 발췌 (https://www.upenn.edu/)

아래 C5에는 유펜에 원서를 내기 위해서는 고등학교에서 이수해야 하는 과목들과 이수 학점이 나와 있고요. (고등학교 졸업학점만 이수한다고 되는 게 아니라, 이렇게 대학별로 요구하는 이수 과목 및 학점이 다 다르니 꼭 목표하는 대학 확인해서 고등학교 수업 수강신청해야 합니다! 이거 놓쳐서 지원 못하는 경우도 실제로 종종 있습니다.)

	Units Required	Units Recommended
Total academic units		20
English		4
Mathematics		4
Science		4
Of these, units that must be lab		3
Foreign language		4
Social studies		2
History		2
Academic electives		
Computer Science		
Visual/Performing Arts		
Other (specify)+		

C5 출처: 펜실베이니아 대학교 홈페이지 2023-2024 CDS 중 일부 발췌 (https://www.upenn.edu/)

아래 C7을 보시면 유펜의 입학사정관들이 어떤 요소들을 고려하는지 매우 상세히 나와 있습니다.

유펜에서 가장 중요하게 보는 건 코스 리거, GPA, 에세이, 추천서, 지원자의 자질 등이며, 그 다음으로 중요하게 보는 게 Class Rank, EC, 지원자의 학업적 능력, 봉사, 일 경험 등이네요. Standardized Test Scores(SAT/ACT/AP 등)들은 consider 정도로 다른 요소들에 비해 중요도가 떨어짐을 알 수 있습니다. 인터뷰는 아예 입학 허가 결정의 고려 대상이 아니라고 나와 있고요.

Academic	Very Important	Important	Considered	Not Considered
Rigor of secondary school record	x			
Class rank		x		
Academic GPA	x			
Standardized test scores			x	
Application Essay	x			
Recommendation(s)	x			
Nonacademic				
Interview				x
Extracurricular activities		x		
Talent/ability		x		
Character/personal qualities	x			
First generation			x	
Alumni/ae relation			x	
Geographical residence			x	
State residency			x	
Religious affiliation/commitment				x
Volunteer work		x		
Work experience		x		
Level of applicant's interest				x

Please provide additional information if the importance of any specific academic or nonacademic factors differ by academic program.

C7 출처: 펜실베이니아 대학교 홈페이지 2023-2024 CDS 중 일부 발췌 (https://www.upenn.edu/)

C9에는 SAT나 ACT를 제출한 학생들의 점수 분포가 어떻게 되는지를 보여주고 있습니다. SAT의 경우 평균 1,540점을 ACT의 경우 평균 35점을 제출했네요.

	25th Percentile	50th Percentile	75th Percentile
SAT Evidence-Based Reading + Writing	730	750	770
SAT Math	770	790	800
ACT Composite	34	35	35
ACT Math	33	35	36
ACT English	35	35	36
ACT Writing			
ACT Science	34	35	36
ACT Reading	34	35	36

Percent of first-time, first-year (freshman) students with scores in each range:

	SAT Composite	SAT Evidence-Based Reading and Writing	SAT Math
700-800		95%	99%
600-699		5%	1%
500-599		0%	0%
400-499			
300-399			
200-299			
Totals should = 100%		100%	100%

	ACT Composite	ACT English	ACT Math
30-36	100%	99%	97%
24-29	0%	1%	3%
18-23			
12-17			
6-11			
Below 6			
Totals should = 100%	100%	100%	100%

C9 출처: 펜실베이니아 대학교 홈페이지 2023-2024 CDS 중 일부 발췌 (https://www.upenn.edu/)

아래 C11, 12를 보시면 입학 허가를 받은 학생들의 GPA를 볼 수 있고요, Average Unweighted GPA가 3.9/4.0이었네요.

Percent who had GPA of 4.0	58%
Percent who had GPA between 3.75 and 3.99	31%
Percent who had GPA between 3.50 and 3.74	6%
Percent who had GPA between 3.25 and 3.49	4%
Percent who had GPA between 3.00 and 3.24	0%
Percent who had GPA between 2.50 and 2.99	0%
Percent who had GPA between 2.0 and 2.49	
Percent who had GPA between 1.0 and 1.99	0%
Percent who had GPA below 1.0	
Totals should = 100%	100%
Average high school GPA of all degree-seeking, first-time, first-year (freshman) students who submitted GPA:	3.9
Percent of total first-time, first-year (freshman) students who submitted high school GPA:	96%

C 11, C 12 출처: 펜실베이니아 대학교 홈페이지 2023-2024 CDS 중 일부 발췌 (https://www.upenn.edu/)

아래 C21을 보면 ED로 지원한 학생이 8,109명, 이 중 입학허가를 받은 학생이 1,204명으로 ED 합격률은 약 14.8% 정도가 된다는 걸 알 수 있네요. (단, ED는 일반 학생뿐만 아니라 레거시 및 운동으로 리쿠르트된 학생 수를 모두 포함합니다.)

	Yes	No
Does your institution offer an early decision plan (an admission plan that permits students to apply and be notified of an admission decision well in advance of the regular notification date and that asks students to commit to attending if accepted) for first-time, first-year (freshman) applicants for fall enrollment?	x	
If "yes," please complete the following:		
First or only early decision plan closing date	11/1	
First or only early decision plan notification date	12/15	
Other early decision plan closing date		
Other early decision plan notification date		
For the Fall 2023 entering class:		
Number of early decision applications received by your institution	8,109	
Number of applicants admitted under early decision plan	1,204	
Please provide significant details about your early decision plan:		

C21 출처: 펜실베이니아 대학교 홈페이지 2023-2024 CDS 중 일부 발췌 (https://www.upenn.edu/)

이처럼 CDS에는 정말 보물 같은 귀중한 많은 정보들이 있습니다. 카더라에 귀 닫으시고, 목표하는 학교 하나하나 CDS 찾아서 꼭 조목조목 살펴보시기 바랍니다.

나에게 맞는 학문적 환경 찾기

미국 대학에 지원할 때 가장 중요한 첫 단계는 자신에게 가장 적합한 대학을 선택하는 것입니다. 단순히 학교의 명성이나 합격률만을 기준으로 삼기보다, 학생의 성격, 목표, 관심사에 잘 맞는 학교를 찾는 것이 중요합니다. 미국 대학은 학교마다 분위기와 환경이 크게 다르기 때문에, 성적에만 초점을 맞춰 진학했다가 적응하지 못하고 1학년 내내 전학(트랜스퍼)을 고민하는 경우도 적지 않기 때문입니다.

전공 및 프로그램

대학을 선택할 때 가장 중요한 요소는 자신이 관심 있는 전공 분야에서 해당 학교가 강점을 가지고 있는지 확인하는 것입니다. 예를 들어, 대학 졸업 후 의대 대학원 진학을 목표로 하고 있다면 pre-med 코스가 잘 되어 있고 리서치와 병원에서의 섀도잉, 봉사활동 기회가 많은 하버드, 존스 홉킨스, 예일, 에모리 대학이 적합할 테고요. 공학을 전공하고 싶다면 MIT, 칼텍, 조지아텍, 스탠퍼드, 카네기멜론, 퍼듀 같은 명문 공학 학교가 적합할 것입니다. 비즈니스를 전공하고자 한다면 유펜, MIT, UC 버클리, 미시간 앤아버, NYU 등을 고려해 볼 수 있을 겁니다. 또한, 바이오 분야에 관심이 있다면 존스 홉킨스, MIT, UC 샌디에고, 듀크 등의 학교들이 뛰어난 프로그램을 제공합니다.

하지만 만약 아직 전공을 정하지 못했다면, 다양한 전공 옵션을 제공하는 리버럴 아츠 칼리지나 전공 미정(Undecided)으로 입학할 수 있는 대학을 선택하는 것도 방법입니다. 이런 학교들은 다양한 학문 분야를 탐색할 수 있는 환경에서 1, 2학년 동안 자유롭게 수업을 들은 뒤 3학년부터 자신에게 맞는 전공을 찾는 것인데요. 리버럴 아츠 칼리지 같은 경우 원하는 전공이 학교 내에 없다면 본인이 전공을 만드는 것도 가능합니다.

만약, 본인의 진로를 문과, 이과 정도만 정해서 고등학교 수업이나 활동들을 해왔다면 프린스턴이나 컬럼비아, 유펜, 코넬처럼 단과대별로 신입생을 선발하는 학교를 고려해 보는 것도 방법입니다. 사립대의 경우 공립과 달리 각 단과대 안에서 전공 선택 및 변경은 최상위 몇몇 인기학과를 제외하면 매우 자유로운 편이고요.

교수진 및 리서치 기회
대학을 선택할 때 교수진의 전문성과 연구 경력은 중요한 요소입니다. 학생이 관심 있는 전공 분야에서 탁월한 학문적 성과를 이루려면, 그 분야에서 경험이 풍부하고 연구 경력이 뛰어난 교수들이 있는지 살펴보는 것이 중요합니다. 교수진이 해당 분야에서 활발히 연구하고 있다면, 학생은 최신 연구 동향을 배우고, 직접 연구에 참여할 기회를 가질 수 있기 때문이죠.

또한, 학부생이 연구 프로젝트에 참여할 수 있는지를 확인하는 것도 필수적입니다. 많은 대학에서는 학부생에게 연구 경험을 제공하여, 학생이 이론을 넘어 실제 연구와 실험을 통해 깊이 있는 학문적 성장을 할 수 있도록 지원합니다. 이와 함께, 멘토링 기회가 제공되는지 알아보세요. 교수나 연구진이 직접 학생들을 멘토링하며, 학문적 조언과 경력 개발을 돕는 프로그램이 있다면, 이는 학생에게 큰 도움이 될 수 있습니다. 교수와의 긴밀한 관계는 학문적 발전뿐만 아니라, 졸업 후 취업이나 대학원 진학에도 큰 영향을 미칠 수 있습니다.

학업 지원 프로그램

대학 생활을 시작하면 학업뿐만 아니라 새로운 환경에 적응하는 데 어려움을 겪을 수 있습니다. 고등학교에서 우수한 성적을 거두었던 학생들도 대학교에 입학하면 본인과 같은 뛰어난 학생들이 많아 학업에서 어려움을 겪는 경우가 많습니다. 그렇기 때문에 학습 지원 서비스나 튜터링 프로그램이 잘 갖춰져 있는지 미리 확인하는 것이 매우 중요합니다.

Reach, Match, Safety
기준 정하기

미국 대학 입시는 정말 아무도 모른다는 말이 있습니다.
아무리 뛰어난 스펙을 가진 아이도 Top 20 학교의 입학은 어느 학교도 장담할 수가 없고, 정말 붙을 것 같은 아이가 떨어지기도 하고, 떨어질 것 같은 아이가 붙기도 하는 게 미국 입시죠. 그래서 미국 대학에 지원할 때, Reach, Match, Safety 학교를 적절히 분배해서 불확실성을 줄이는 전략은 매우 중요합니다.

그럼, Reach, Match, Safety 학교를 어떻게 분배할까요?

가장 추천되는 방법은 총 지원 원서의 숫자를 25%, 50%, 25%로 배분하는 것입니다. 만약 총 10개 학교를 지원한다면, 5개는 Reach, 10개는 Match, 5개는 Safety 학교의 원서를 쓰는 것이죠.

Reach 학교
25%는 Reach 학교로 설정합니다. 이런 학교들은 도전적인 선택이지만, 에세이를 통해 특별한 성취나 뛰어난 개성을 보여주며 입학의 기회를 높일 수 있습니다. Reach 학교에 지원하는 것 자체가 '도전'이라는 의미 있는 경험

이 될 수 있으며, 합격한다면 그 도전에 큰 성취를 이룬 것이 될 것입니다. RD보다는 합격률이 높은 ED로 지원해 보는 것도 좋은 전략이고요.

Match 학교

전체 학교 리스트의 50%는 Match 학교로 설정하는 것이 좋습니다. Match 학교는 학생의 학업 성적과 입학한 학생들의 평균 성적이 비슷한 학교로, 합격 가능성이 높은 학교입니다. 이 학교들은 학생이 충분히 도전할 수 있는 학교이기 때문에 매우 중요한 선택지입니다. 성적이나 활동을 기준으로 합격 가능성이 높고, 지원자가 현실적으로 목표를 설정할 수 있는 학교들을 리스트 업 해보시기 바랍니다.

Safety 학교

지원할 학교 리스트의 약 25%는 Safety 학교로 선정합니다. Safety 학교는 학생이 지원하는 학교의 합격 기준보다 자신의 성적이 높거나 비슷한 학교로, 합격 확률이 매우 높습니다. 이런 학교들은 지원자가 불합격할 위험이 적기 때문에, 입학의 안전망 역할을 합니다. 만약 다른 학교에서 불합격하게 될 경우에도, 이 학교에서 합격할 가능성이 높아 아무래도 심리적인 안정감을 줄 수 있죠.

나의 생활 스타일과 맞는 학교 찾기

학교 크기

소규모 대학은 학생 대 교수 비율이 낮아 교수와의 개별적인 상호작용이 많고, 학생 개개인이 관심을 받을 가능성이 높습니다. 하지만, 작은 학교를 답답해할 수도 있고, 학생들이 바로바로 눈에 띄는 작은 클래스 사이즈를 부담스러워하는 학생들도 있습니다.

반면, 대규모 대학은 다양한 전공, 프로그램, 클럽 활동 등이 제공되어 더 넓은 네트워크를 형성할 수 있는 기회가 많습니다. 하지만, 인원이 너무 많아 수강신청 대란으로 원하는 과목을 듣지 못하는 경우도 많고, 학생 간 경쟁이 치열하다 보니 리서치 기회를 잡기 어려운 경우도 많습니다. 학생이 적극적으로 활동을 찾아 참여하지 않는 이상, 본인이 원하는 바를 얻지 못할 가능성도 큽니다.

위치

대학이 도시, 교외, 또는 시골에 위치한지에 따라 캠퍼스 생활의 분위기와 생활 편의성이 달라집니다. 또한, 기후와 교통 접근성도 중요한 요소로, 학교 주변의 환경과 일상적인 이동의 편리함이 대학 생활의 만족도에 영향을 미칩니다.

캠퍼스 문화

사교 활동, 클럽이나 스포츠 프로그램 등 다양한 활동이 학생들의 캠퍼스 라이프를 풍성하게 만듭니다. 또한, 정신 건강 지원 서비스나 상담 센터가 잘 운영되고 있는지 확인하는 것도 중요합니다. 건강한 캠퍼스 문화와 지원 시스템은 학업과 생활에 큰 도움이 될 수 있습니다.

졸업 후 진로

졸업 후 취업을 계획하고 있다면 해당 대학의 졸업생들이 주로 어떤 분야에 진출했는지, 그리고 취업률은 어떤지 확인하는 것이 중요합니다. 관심 있는 분야에 인턴십 기회를 제공하는지도 중요하고요. 또한, 학교 내 커리어 센터가 이력서 작성, 인터뷰 준비, 네트워킹 이벤트 등 취업 관련 서비스를 잘 제공하는지 확인하는 것도 중요합니다.

만약, 졸업 후 대학원을 계획하고 있다면 학부생도 다양한 리서치 프로그램에 참여할 수 있는 기회가 있는지도 매우 중요합니다. 교수와 함께 연구 프로젝트에 참여하거나, 자체 연구 센터에서 실험적 연구를 수행할 수 있는 기회는 대학원 진학을 원하는 학생들에게 정말 중요하죠.

스페셜 프로그램

교환학생 프로그램, Co-op 프로그램, 학부-대학원 연계 프로그램 등 스페셜 학업 기회를 제공하는 대학을 선택하는 것도 큰 장점입니다. 이런 프로그램들은 학문적인 경험뿐만 아니라 실무 경험 및 사회적 책임을 쌓을 수 있는 기회를 제공하기 때문에, 학교가 지역사회와 얼마나 연계되어 있는지, 그리고 다양한 봉사활동 기회를 학교 주변에서 찾을 수 있는지도 중요한 요소입니다.

학교 탐방의 또 다른 방법
- 웨비나, Fly-in

웨비나(Webinar): 입시 준비의 유용한 도구

입시 시즌, 각 대학의 어드미션 오피스에서는 거의 매주 웨비나(Webinar)를 여는데요. 웨비나는 대학이 입학 지원자나 학교에 관심 있는 학생들을 위해 제공하는 온라인 설명회로, 캠퍼스를 직접 방문하지 않고도 중요한 정보를 얻을 수 있는 좋은 기회죠.

웨비나는 학교의 웹사이트에서 검색하실 수도 있고, 학교에 이메일을 등록해 놓으면 스케줄이 이메일로 오기도 합니다. 참석하고 싶은 세션을 클릭한 후 등록 신청하면 링크가 이메일로 오니 해당 시간에 조인하면 됩니다.

출처: 예일 대학교 홈페이지 Virtual Information Series (https://admissions.yale.edu/virtual-events)

웨비나에 참여하면 대학의 입학 담당자, 현재 재학생, 그리고 교수진과 직접 소통할 수 있는 기회를 얻을 수 있습니다. 이를 통해 대학이 중요하게 여기는 가치와 분위기를 파악할 수 있으며, 입학 요건, 장학금 제도, 전공 프로그램에 대한 질문을 할 수도 있고, 재학 중인 학생의 얘기를 통해 기숙사 생활, 동아리 활동, 학생 지원 서비스와 같은 대한 생생한 정보도 파악할 수도 있습니다. 지원서에서 강조해야 할 포인트나 Why this college 에세이 작성에 유용한 힌트를 얻을 수도 있고요.

각 전공 관련 세션에 참여하면 학과에서 제공하는 커리큘럼, 연구 기회, 인턴십 프로그램 등에 대한 정보를 자세히 알 수 있습니다. 예를 들어, 바이오에 관심이 있는 학생이라면 바이올로지 학과에서 주최하는 웨비나에 참여할 수 있습니다. 이런 세션에서는 학과 교수진이 직접 나와 주요 커리큘럼을 소개하고, 현재 진행 중인 연구 프로젝트와 학부생들이 참여할 수 있는 연구 기회에 대해 자세히 설명하기도 하죠. 또한, 웨비나가 진행되는 동안 질문을 통해서 바로바로 궁금한 점을 물어보고 답변을 들을 수도 있습니다.

웨비나는 단순한 학교의 정보 제공을 넘어, 대학에 대한 학생의 관심과 열정을 보여줄 수 있는 기회이기도 하니 웨비나를 잘 활용하셔서 입시 준비 과정에서 경쟁력을 높이고, 자신에게 가장 잘 맞는 대학을 선택하는 데 도움받을 수 있길 바랍니다.

Fly-in Program: 캠퍼스 방문과 입학 기회를 동시에
아마 한국에는 거의 알려지지 않은 프로그램일 것 같은데요, 미국 유수의 대학교들은 장학금을 기반으로 Fly-in 프로그램을 운영합니다. 따라서 이런 장학금 기반 프로그램들의 경우 항공권과 체류에 들어가는 숙식비를 모두 학교가 부담하는 무료 프로그램으로 운영됩니다.

예를 들어, 하버드는 Undergraduate Minority Recruitment Program (UMRP)을, 존스 홉킨스는 5주짜리 Hop-in 프로그램을, 윌리엄스는 Windows on Williams(WOW)를, 애머스트는 Access to Amherst(A2A) 등을 운영합니다. 이처럼 학교마다 이름은 조금씩 다르게 운영되지만 기본적으로 학생들에게 대학 캠퍼스를 방문하고, 입학 전 경험을 쌓을 수 있는 기회를 무료 제공합니다.

이런 프로그램들은 일반적으로 다양한 배경을 가진 학생들에게 대학을 경험해볼 수 있는 기회를 제공하며, 주로 소수 민족, 저소득층 가정, 가정 내 첫 세대 대학생 등을 대상으로 하지만 꼭 이들에게만 제공되는 프로그램은 아니므로 기회가 된다면 이런 프로그램에 도전하셔서 꼭 체험해 보길 권합니다.

출처: 하버드 홈페이지의 UMRP (https://college.harvard.edu/admissions/explore-harvard/connect-students/undergraduate-minority-recruitment-program)

Fly-in 프로그램을 통해 체험해 볼 수 있는 것들은 어떤 게 있을까?

· 캠퍼스 방문: Fly-in 프로그램에 참여하는 학생들은 대학 캠퍼스를 무료로 방문할 수 있습니다. 대학 측에서는 항공권, 숙박비, 식비 등을 지원하여 학생들이 부담 없이 캠퍼스를 체험할 수 있도록 돕습니다.

· 학생 생활 체험: 캠퍼스 생활을 실제로 체험하면서 학생들은 기숙사 생활, 동아리 활동, 학술 행사 등에 참여할 수 있는 기회를 가집니다. 또한, 학교의 다양한 프로그램을 직접 체험해 볼 수 있습니다.

· 네트워킹 기회: Fly-in 프로그램은 다른 지역의 다양한 학생들과 만날 수 있는 기회를 제공합니다. 다른 지역이나 배경을 가진 친구들을 만나고, 미래의 네트워크를 쌓는 좋은 기회가 됩니다.

· 입학 지원 혜택: 일부 대학에서는 Fly-in 프로그램에 참여한 학생들에게 입학 우대나 장학금 혜택을 제공하기도 합니다. 프로그램에 참여한 경험은 학생의 해당 학교에 대한 관심과 애정을 나타내기 때문에, 이러한 경험이 입학 심사에서 긍정적인 영향을 미칠 수 있습니다.

어떻게 참여할 수 있을까?

구글에 "대학교 이름 + fly in program"으로 검색하면, 대학교별 웹사이트 링크를 찾아볼 수 있구요, 대학 웹사이트에서 Fly-in 프로그램이나 Campus Visit Program에 대한 정보를 확인해 볼 수 있습니다. Fly-in 프로그램 지원서 작성시 보통 고등학교의 성적표와 에세이를 요구하는 학교도 있고, 고등학교에서 영어시간에 쓴 에세이로 대신 갈음해서 지원하게 하는 학교도 있으니, 학교마다 확인해 보시면 좋겠습니다.

프리메드
- 의학 대학원의 첫걸음

한국과는 달리, 미국에는 학부에 의대가 없습니다.

미국에서는 의학 교육이 학부 과정이 아닌 전문 대학원인 의학대학원(Medical School)에서 이루어집니다. 따라서 의학대학원 진학을 목표로 한다면 학부 과정에서 철저히 준비해야 하며, 이때 중요한 역할을 하는 것이 바로 프리메드(Pre-med) 프로그램입니다.

프리메드는 특정 전공이 아니라, 의학대학원 입학에 필요한 필수 과목을 이수하고 관련 경험을 쌓는 데 초점을 맞춘 학부 과정의 트랙을 말합니다. 학생들은 각자의 전공을 공부하면서도 프리메드 과목을 수강하며 의학대학원 진학 준비를 병행합니다. 의학대학원을 목표로 하는 학생이라면 프리메드 트랙이 잘 마련된 학교를 선택하는 것이 중요합니다.

의학 대학원 진학에 유리한 전공이 있을까?
많은 학생들이 의학대학원 진학을 준비하며 생물학(Biology)이나 화학(Chemistry)을 전공해야 한다고 생각하지만, 꼭 과학 전공을 선택할 필요는 없습니다.

물론 프리메드 트랙의 필수 과목 대부분이 과학 과목이기 때문에, 생물학이나 화학을 전공하면 관련 수업을 비교적 수월하게 이수할 수 있다는 장점이 있습니다. 하지만 의학대학원은 학부 과정에서 반드시 과학 관련 전공을 요구하지 않습니다.

오히려, 많은 의학대학원은 학부 시절에 인문학적 소양을 쌓는 것을 중요하게 여깁니다. 철학, 역사, 문학 등 비과학 분야에서 깊이 있는 학문적 경험을 가진 학생들은 의사로서 환자와 더 잘 소통하고, 윤리적 판단을 내리는 데 필요한 넓은 시각과 공감을 키울 수 있기 때문입니다.

프리메드에서는 어떤 과목을 수강할까?

프리메드 트랙을 밟는 학생들은 본인의 전공과는 별도로 일반 생물학(General Biology), 일반 화학(General Chemistry), 유기화학(Organic Chemistry), 물리학(Physics), 공중보건(Public Health), 생화학(Biochemistry), 유전학(Genetics), 미생물학(Microbiology) 같은 과목들을 기본적으로 수강하게 됩니다.

이 중에서 특히 유기화학(Organic Chemistry)은 프리메드 학생들에게 첫 번째 위드아웃(Weed-out. 잡초 뽑아내듯 학생들을 솎아내는) 코스로 불릴 만큼 까다로운 과목으로 잘 알려져 있습니다.

이와 더불어, 일부 의학 대학원에서는 미적분(Calculus)이나 통계학(Statistics)과 같은 수학 과목을 요구하기도 합니다. 또한, 현대 의학이 점점 더 인간의 심리와 사회적 요인을 중요하게 다루면서, 심리학(Psychology)과 사회학(Sociology) 과목을 수강하는 것도 필수가 되고 있습니다.

프리메드 과정에서는 학업 외에도 다양한 경험이 요구됩니다. 병원이나 클리닉에서의 의료 봉사활동, 비의료 봉사활동, 닥터 섀도잉, 임상 경험, 그리고 교수나 연구원과 함께하는 리서치 등이 대표적인 예입니다. 이러한 경험은 의학 대학원 입학 지원 시 매우 중요한 평가 요소로 작용하기 때문에, 의대를 목표로 하는 학생이라면 이러한 기회를 충분히 지원해 줄 수 있는 대학을 선택하는 것이 무엇보다 중요하겠죠.

프리메드 트랙이 우수한 학교들은 어디일까?

1. 하버드 대학교(Harvard University)
   - 높은 수준의 생명과학 및 화학 프로그램 제공.
   - 보스턴 지역 내 세계적인 병원 및 클리닉과의 연계로 풍부한 의료 경험 기회 제공.
   - 하버드 의대와의 네트워크와 리소스를 활용 가능.

2. 존스 홉킨스 대학교(Johns Hopkins University)
   - 바이오메디컬 엔지니어링(Biomedical Engineering) 및 공중보건(Public Health)에 대한 명성.
   - 세계적으로 유명한 존스 홉킨스 병원과의 연계로 풍부한 의료 경험 기회 제공.
   - 리서치 및 실험 기회를 적극적으로 제공.

3. 스탠퍼드 대학교(Stanford University)
   - 최첨단 기술 및 의학 연구 시설.
   - 실리콘밸리와의 연계로 바이오테크 및 헬스케어 관련 경험 가능.
   - 뛰어난 멘토링 프로그램과 학생 중심 학업 지원.

4. 듀크 대학교(Duke University)
  · 생물학 및 생화학 분야의 우수한 교육 과정.
  · 듀크 병원과의 연계로 임상 및 연구 경험 제공.
  · Duke Engage 프로그램으로 글로벌 의료 봉사 경험 가능.

5. 펜실베이니아 대학교(University of Pennsylvania)
  · 생물학 및 신경과학 분야에서 높은 평가.
  · 펜 메디컬 스쿨(Perelman School of Medicine)과의 협력 기회.
  · 필라델피아 지역 내 다양한 의료 봉사 활동 가능.

BS/MD
- 의학 대학원으로 가는
직행 열차

전 세계의 여느 나라들과 마찬가지로 미국에서도 의사가 되기 위한 입시 경쟁은 매우 치열합니다.

일반적으로 미국에서는 학부에서 프리메드 과정으로 의학 대학원 입학을 준비하며, 졸업 후 GPA, 리서치, Clinical & Non-Clinical 경험, MCAT 등을 가지고 의학 대학원(Medical School)에 지원하게 되는데요 이 과정은 대학 입시 이상으로 치열한 과정이죠.

그런데, 학부에 의대가 없는 미국에는 고등학교 4학년 때 학부와 의학 대학원을 동시에 지원할 수 있는 BS/MD(Bachelor of Science/Doctor of Medicine)라는 특별한 프로그램이 있습니다.

BS/MD 프로그램은 학생들이 3~4년의 학부 과정을 마친 후(일반적으로 BS 학위. 학교에 따라 BA 학위를 수여하는 대학교도 있음), 4년간의 의학 대학원(MD) 과정으로 바로 진학할 수 있도록 만든 특별한 프로그램인데요, 이 프로그램은 일반적으로 4+4로 8년 과정이지만 Accelerate 과정으로 학부 3년, 대학원 4년으로 총 7년으로 설계된 프로그램도 있습니다.

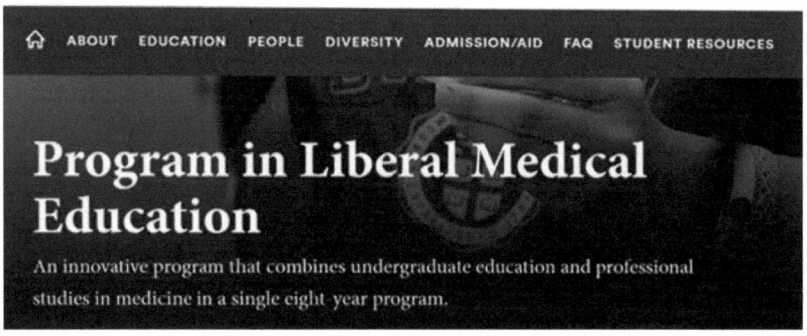

출처: 브라운 대학교 홈페이지 PLME 프로그램 소개 자료 중 일부 발췌 (https://plme.med.brown.edu/)

모든 학교에 BS/MD 프로그램이 있는 건 아니다

현재 2024년 기준으로 미국에는 157개의 의학 대학원이 있습니다. 그러나 이 중 BS/MD 프로그램을 운영하는 대학은 사실 많지 않으며, 브라운을 제외한다면 대개 중위권의 의학 대학원에서 최우수 고등학생을 미리 선발하고자 이 프로그램을 제공합니다.

그리고 BS/MD 프로그램은 학교별로 다양한 형태로 존재하는데요,

예를 들어, University of Pittsburgh와 같은 학교는 학부와 의학 대학원이 함께 있는 프로그램을 운영하고 있으며, Brown University의 Program in Liberal Medical Education(PLME)은 8년 동안 학부와 의학 대학원을 통합한 과정을 운영 중입니다. 또한 Albany Medical College(AMC)의 경우 의학 대학원은 AMC에서 다니지만, 학부는 Union College나

Clarkson University에서 졸업하는 방식으로 운영됩니다. 이렇게 학교별로 프로그램도 입시 절차도 많이 다르니, 관심 있는 학생과 학부모님들은 미리 충분히 조사하는 것이 중요합니다.

BS/MD의 지원 과정과 입시 결과
앞서 말씀드린 것처럼, BS/MD 프로그램은 학부와 의학 대학원을 동시에 지원하는 까다로운 과정이기 때문에, 지원 난이도가 상당히 높습니다. 학부 지원 절차와 의학 대학원 지원 절차가 동시에 각각 따로 진행되므로, 한 학교당 원서를 학부와 대학원 두 번 제출해야 하고, 이에 따라 에세이 양도 상당히 많습니다.

특히 의학 대학원의 에세이는 주제와 내용이 매우 구체적이고 다양하며 에세이 토픽도 한 학교당 5~7개 정도로 많습니다. 일부 대학원의 경우 학부 합격 후 서플 에세이 주제를 오픈해 주고 나서 2주 이내 대학원 원서 접수를 요구합니다. 이런 경우 준비 기간이 매우 촉박하기 때문에 아이들이 스트레스를 크게 받는 게 현실이고요.

대체로 BS/MD 프로그램을 준비하는 학생들은 고등학교의 최상위권 학생들이기에 학부는 무난히 합격하지만, 의학 대학원에 대한 경쟁은 다른 차원의 이야기입니다. 의학 대학원에 대한 의지가 확고한 최상위권 학생들이 학부 졸업 후 다시 진행되는 의학 대학원 입시에서 스트레스를 덜 받기 위해 BS/MD 프로그램을 선택하는 경우가 많습니다만, 이 프로그램은 최상위권 지원자가 많고 그들 간 경쟁이 매우 치열하기 때문에, 합격 소식은 정말 드물게 들리는 게 현실입니다.

참고로 Class of 2028에서 Brown의 PLME를 보면 4,251명의 지원자 중 합격 인원은 76명으로 합격률이 1.78%였네요. Class of 2028 Harvard의 합격률이 3.59%였던 걸 감안하면 BS/MD 프로그램은 최상위권 학생 내에서 매우 치열한 경쟁임을 알 수 있죠.

BS/MD를 지원하려면 고등학교에서 4년간 어떤 준비를 해야 할까?

일단 학업적인 부분을 먼저 말씀드리자면, English와 Math는 최상위 트랙으로 들어야 하고 이과 쪽 수업인 Bio, Chem, Physics도 모두 AP 레벨로 들어야 합니다. 현실적으로 GPA는 4년 동안 all A인 경우가 대부분이고요.

SAT/ACT는 많은 대학들이 Test-optional을 채택하고 있지만, BS/MD 프로그램은 대학원에서 SAT나 ACT 시험 점수를 요구하기 때문에 반드시 시험을 치러야 합니다. 꼭 만점은 아니더라도 거의 만점에 가까운 점수를 내는 것이 일반적이고요.

BS/MD 프로그램을 준비할 때, 과학 관련 클럽 활동이나 리서치 프로젝트에 참여하는 것이 중요합니다. 의료 봉사활동(병원, 클리닉 등)이나 과학 연구에 참여하고, 리더 역할을 맡아 과학 관련 동아리 활동을 주도하는 것도 유리합니다. 의학 분야에 대한 열정을 보여주기 위해, 의료 관련 인턴십이나 닥터 섀도잉 등을 통해 실질적인 경험을 쌓는 것도 필요하고요.

그리고 중요한 건 이 모든 활동들은 대학원 에세이에 녹아들어 가야 하니, 양보다는 질이 우선이 되어야 함은 굳이 제가 강조할 필요도 없을 것 같습니다.

Liberal Arts College
(LAC, 리버럴 아츠 칼리지)

리버럴 아츠 칼리지는 학부 중심의 소규모의 대학으로, 총 학생 수가 대개 2,000명 안팎인 경우가 많습니다. 이러한 대학은 대학원 없이 학부 중심 교육을 제공하기 때문에, 거의 모든 수업은 교수에 의해 진행됩니다. 보통 클래스당 30명 내외의 학생 수이기 때문에 교수와의 밀접한 관계를 형성할 수 있는 환경을 제공하죠.

Liberal Arts College의 장점들

학문적 분위기가 매우 자유롭고 개인적이어서, 학생들은 다양한 학문 분야를 깊이 있게 탐구할 수 있는 기회를 가집니다. 2학년까지 자유 전공인 경우도 많고, 3학년 전공을 정할 시점에 본인이 원하는 전공이 없다면 교수와 상의하여 전공을 만들어 정하는 것도 가능합니다. 이처럼 소규모 대학의 장점은 학생들이 교수와 가까운 관계를 맺고, 자신의 의견을 활발히 표현하며 학문적으로 성장할 수 있다는 점입니다.

리버럴 아츠 칼리지는 대개 소도시에 위치하는 경우가 많습니다. 이는 학생들에게 공부에 집중할 수 있는 평화롭고 조용한 환경을 제공하면서도, 대도시의 복잡한 생활에서 벗어나 새로운 경험을 쌓을 수 있는 기회를 제공하죠.

학교 주변의 환경이 자연과 가까워 학생들은 캠퍼스 내외에서 다양한 활동을 통해 여유롭고 균형 잡힌 생활을 할 수 있습니다. 또한, 이러한 소도시라는 입지는 학생들에게 지역 사회와의 깊은 연결을 만들어 주기도 하고요.

리버럴 아츠 칼리지의 또 다른 큰 장점은 연구 기회입니다. 비록 소규모 대학이라 하더라도, 대학원을 운영하지 않다 보니, 학부생들에게 다양한 리서치 기회를 제공하는 경우가 많습니다. 교수들이 연구 프로젝트에 학생들을 직접 참여시키며 피드백을 주고, 학생들은 실제 연구 환경을 경험하면서 학문적 깊이를 더할 수 있습니다.

Liberal Arts College의 단점들
위에서 말씀드린 이런 장점들은 다른 한편으로 LAC의 단점으로 작용하기도 하는데요,

클래스 사이즈가 작다 보니, 아무래도 수업에 적극적으로 참여하지 못하거나, 주목받는 걸 힘들어 하거나, 친밀한 관계를 맺는 걸 어려워하는 학생은 이런 환경에 매우 부담을 느끼기도 합니다. 소도시에 위치하다 보니 학교 주변 생활에 심심해하는 경우들도 많고요.

LAC는 넓고 균형 잡힌 교육을 목표로 하다 보니, 특정 학문 분야의 심화된 전공 프로그램이 부족할 수 있습니다. 특히 공학, 첨단 과학, 또는 기술 관련 학문에 관심이 있는 학생들에게는 대규모 연구 중심 대학이 더 적합한 선택이 될 수 있습니다. 또한 LAC는 규모가 작아 교수진과 학생 간의 밀접한 상호작용이 가능하지만, 그만큼 시설이나 연구실, 그리고 다양한 과외 활동의

선택지가 적을 수 있습니다. 이로 인해 특정 프로젝트나 연구를 지원할 인프라가 부족하다고 느껴질 수도 있습니다.

이건 지극히 주관적인 얘기이긴 합니다만, 실제 저는 LAC에 관심이 많아 LAC 중 세 곳을 직접 방문해 교수와 운영진, 학생들을 만나봤는데요, 학교 분위기나 학문적 분위기가 매우 자유롭다 보니, 요새 많이 회자되는 LGBTQ와 PC주의에 대해서도 타 학교들에 비해 상대적으로 오픈 마인드인 경우가 있었습니다. 이러한 부분들이 잘 맞지 않는 부모님과 학생들에게는 현실적인 고려사항으로 작용할 수 있겠네요.

Part 8.
지원서 작성 실전 노하우

ED로 내 아이의 대학을 한 단계 업그레이드하기

입시 전형 중, Early Decision(ED)에 대해 많이 들어 보셨을 겁니다. ED는 그 특성상 잘만 하면 내 아이가 들어갈 수 있는 대학을 한 단계 업그레이드할 수 있습니다. 왜 그런지, 그리고 어떻게 ED를 지원해야 하는지 지금부터 살펴보겠습니다.

먼저, ED의 특성을 학생과 학교 양쪽의 입장에서 살펴볼게요. 그래야 ED 지원이 왜 내 아이의 대학을 한 단계 업그레이드해줄 수 있는지 이해하실 수 있을 겁니다.

Early Decision(ED) – 학생 입장에서
(1) ED는 바인딩이다: ED는 붙으면 꼭 가야 하는 나와 대학의 계약입니다. 이 얘기는 무슨 얘기냐 하면, 내가 꼭 가고 싶은 대학을 ED로 써야 한다는 얘기입니다. ED 붙고 나서 여한이 남을 것 같은 학교를 ED로 지원하면 두고두고 후회가 생깁니다.

만약 붙었는데 안 가게 되면, 그 대학에서 향후 몇 년간 내 아이가 졸업한 학교의 학생을 ED로 뽑는 데 제한을 둡니다. 나쁜 소문만큼 빠르게 퍼지는 건

없죠. 두고두고 내 아이 욕먹이는 일이 되는 겁니다. 물론 예외는 있습니다. ED에 붙었는데, 이후 정말 피치 못할 사정으로 재정 상태가 너무 안 좋아졌다는 걸 어필하면 불이익 없이 ED를 철회하는 게 가능하기도 합니다. 하지만 입증이 필요하죠.

(2) ED는 한 학교만 지원이 가능하다: 위에서 얘기한 붙으면 꼭 가야 하는 바인딩이기 때문에 한 학교만 지원이 가능합니다. ED를 여러 군데 썼다가 여러 군데 붙으면 바인딩을 깨는 것이기 때문이죠. 이 얘기는 달리 얘기하면 ED의 경쟁률이 Regular Decision(RD. 일반 지원)의 경쟁률보다 훨씬 낮다는 얘기입니다. RD는 무한 지원이지만 ED는 모든 아이들이 한 곳만 지원할 수 있으니까요.

(3) ED는 재정 지원을 비교할 수가 없다: 보통 학생들이 RD로 지원하게 되면 합격한 경우 합격한 모든 대학의 재정 지원 패키지(Financial Aid. FA)를 받아보게 됩니다. 미국 사립대학의 연간 등록금(학비, 기숙사, 밀 플랜, 보험 등등을 포함한)은 2024년도에 약 $90,000로 한화로 1억 원이 훌쩍 넘습니다. 4년이면 정말 어마어마한 액수이죠. 그래서 FA를 받아보고, 내 재정 상황과 아이의 희망사항을 고려해서 학교를 최종 선택하게 되죠. 그런데 ED는 binding이어서 한 학교만 지원 가능하다고 했으니, 애초에 여러 학교의 FA를 비교할 수가 없는 것이죠. 그래서 이것도 ED의 경쟁률을 낮추는 요인이 되는 겁니다.

Early Decision(ED) - 학교 입장에서
학교의 입장에서 위의 (1)~(3)을 거꾸로 생각해보면,

(1), (2): 이 아이는 붙으면 묻지도 따지지도 않고 우리 학교에 오게 됩니다. 다시 말하면, 학교가 매우 중요하게 생각하는 Yield Rate 즉, 입학률을 높여주는 것이죠. 일반적으로 좋은 학교일수록 Admit Rate(합격률)은 낮고 Yield Rate(입학률)은 높지요. 참고로 하버드 Class of 2028의 경우 Admit Rate은 3.65%, Yield Rate은 83.6%였습니다. 100명이 지원하면 그중 3.65명만 합격하고, 그 합격생 3.65명 중 83.6%인 3.05명이 하버드로 최종 등록을 했다는 얘기입니다.

(3): 이 아이는 붙으면 무조건 오기 때문에 Need-aware 학교라면 학교가 굳이 학생에 대한 재정 지원(FA)을 고려할 필요가 없습니다. 학교의 FA는 한정되어 있는 자원이니, ED에서 Full Pay 할 수 있는 학생을 가능한 많이 뽑고, RD 때 꼭 뽑고 싶은 아이들을 입학시키기 위해 FA를 사용하려고 할 겁니다. 만약 이 학교가 Need-blind 학교라면 ED로 붙어도 RD와 동일한 FA를 제공할 거고요.

옆 페이지의 표는 Class of 2024의 학교별 ED %인데요, ED로 뽑는 학생의 수는 생각보다 많습니다. 단, 하나 염두해 두실 것은 레거시, 운동 등으로 리쿠르트되는 아이들의 숫자도 모두 ED로 잡힌다는 점입니다.

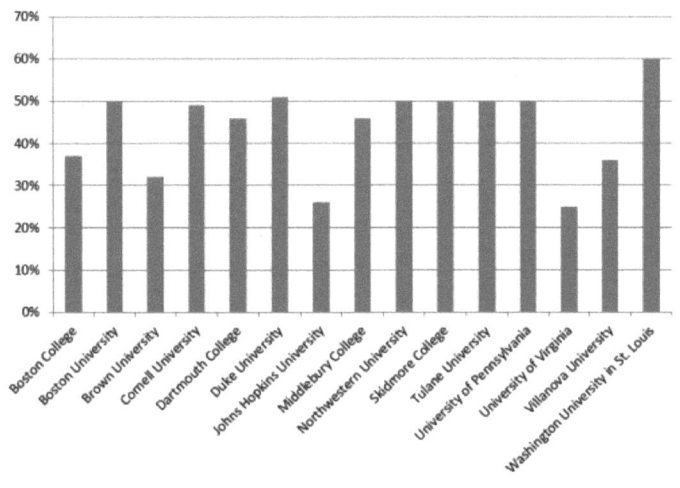

출처: 대학교별 CDS 자료

자, 이제 이해가 바로 되시죠? 왜 ED 전형을 통해 내 아이가 지원할 수 있는 대학을 한 단계 업그레이드하여 더 좋은 대학에 갈 수 있는지.

네, 바로 ED의 특성상 학교는 ED로 애들을 꽤 많이 뽑고, 아이들의 입장에서는 경쟁률이 RD보다 훨씬 낮기 때문입니다.

그러면 ED를 쓰는 게 무조건 유리할까?

즉답해드리면,

1. 이 학교는 내 아이의 드림스쿨이다.
2. 우리집은 FA를 받을 수 있는 조건이 안 된다.(NPC 돌려서 FA 받을 조건이 되는지 알아볼 수 있는데, 이건 220p~225p를 참조해 보시기 바랍니다.)

이 둘을 만족한다면 ED는 분명 쓰는 게 유리합니다.

하지만, FA를 받을 수 있고, 재정적 상황을 중요하게 고려해야 하는 가정이라면 ED 중 Need-blind인 학교를 선택하거나, ED의 Need-blind 학교들 중 드림 스쿨이 없다면 ED보다는 Early Action(EA)이나 Regular Decision(RD)이 좋은 옵션일 수도 있으니, 각 가정 상황에 맞게 지원하는 전략이 필요하겠네요.

입시는 진짜 전략입니다.

RD에 지원했다면 얘가 여기 붙었을까? 하는 아이들 ED로 지원해서 붙는 경우 정말 많습니다. 잘 쓰면 명약인 ED! 그럼 내 상황에 맞게 잘 활용해 보시기 바랍니다.

커먼 앱(Common App)이란 무엇인가?

커먼 앱(Common App)은 미국 대학 입시에 많이 사용되는 통합 지원 시스템인데요, 학생들이 여러 대학에 지원할 때 개별적으로 각 대학의 지원서를 작성하는 대신, 커먼 앱 하나로 한 번에 여러 대학에 지원할 수 있어 편리합니다. 총 20개 학교까지 원서를 작성할 수 있고요, 만약 지원하는 학교가 20개가 넘어간다면 Coalition for College Application을 통해 추가적으로 더 많은 학교에 지원 가능합니다. 참, MIT의 경우 이런 Common App이나 Coalition을 통하지 않고 학교 홈페이지를 통해 직접 원서 지원을 받고 있으니 MIT 지원하시는 분들은 참고하시기 바랍니다.

출처: https://www.commonapp.org/

커먼 앱 Activity Section
- 짧고 굵게 활동 설명하기

그동안 쌓아온 활동도 많고 할 말도 많은데... 아쉽게도 이 섹션에는 기록할 수 있는 활동의 숫자와, 더불어 각 활동별 글자수에 제한이 있습니다. Common App에는 Activities를 총 10개까지 넣을 수 있고요, 각 Activity별로 Position, Leadership description, Organization name, Description을 적을 수 있는데, 각각 50, 100, 150 Characters의 글자수 제한이 있죠. 그리고 활동했던 학년을 중복해서 체크할 수 있게 되어 있습니다.

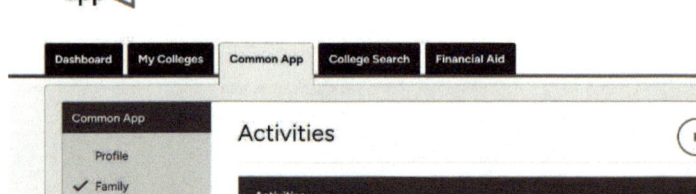

출처: https://www.commonapp.org/

그럼 여기서 중요한 세 가지를 생각해 볼 수 있는데요, 바로

- 내가 그동안 해왔던 많은 액티비티 중 어떤 액티비티를 적을 것인가?
- 그 액티비티들을 어떤 순서로 배치할 것인가?
- 글자수 제한 속에서 얼마나 임팩트 있게 어필할 것인가?

하는 문제입니다.

1. 어떤 Activities를 적을 것인가?

이 부분을 생각해보려면 학교 입장에서 학생을 어떻게 평가하는지 이해하는 것이 중요합니다. 최근 학교별로 열리는 웨비나에 참석해보면, 대부분의 학교가 공통적으로 'Holistic Review'와 'Well-rounded'라는 기준을 강조하는 것을 알 수 있습니다. 이는 단순히 한 가지만 잘하는 학생을 원하는 것이 아니라는 뜻이죠.

그렇다면 우리는 액티비티 목록을 어떻게 구성해야 할까요?
네, 맞습니다. 한 가지에만 치우치기보다는 공부, 봉사활동, 리서치, 리더십, 운동, 악기 등 골고루 다양한 활동을 포함시켜야 합니다. 결국 내 아이가 진정으로 'Well-rounded'된 학생임을 보여줘야 하는 것이죠. 예를 들어, 공부 관련 활동이 10개라면, 그 10개가 전부 학업에만 집중된 것보다는 봉사나 리더십 활동을 적절히 배치하고, 공부의 일부는 커먼 앱의 Education Section 중 Honors와 같은 수상내역 쪽으로 구분해주는 것도 전략적인 방법인 거죠.

2. 어떻게 Activities를 배치할 것인가?

이 문제는 아마 이렇게 연결시켜 볼 수 있겠습니다.

- 내가 하고자 하는 전공이 무엇인가?
- 얼마나 지속적으로 해왔는가?
- 거기에서 어떤 포지션을 가지고 있었는가?
- 성과가 무엇인가?

자, 이렇게 연결시켜보면 두 번째 문제였던 액티비티를 우선순위를 두어 배열하는 게 좀 더 쉬워질 겁니다.
즉, 전공과 관련성이 있으면서 오래 지속해왔고, 가능하면 리더십 포지션이 있으면서 성과가 있었던 것을 상위 순서에 배열하는 거죠.

3. 글자수 제한을 어떻게 활용할 것인가?

10개의 각 액티비티별로 Position/Leadership Description(50 characters), Organization name(100 characters), Describe this activity, Including what you accomplished and any recognition you received, etc.(150 Characters)라고 위에서 잠깐 말씀드렸었는데요, 적을 수 있는 글자수가 얼마 되지 않기에 정말 임팩 있는 writing이 필요합니다. (참고로 "Character"라는 단어는 1 word이고 9 characters입니다. characters로 적으면 진짜 얼마 못 적는 거죠.)

이 칸을 적는 팁을 좀 드리자면,
앞뒤 부연 설명 빼고, 진짜 딱 키워드 위주로 임팩트 있게 적어야 하고, 필요하다면 줄임말 표현 가능하다는 겁니다.

커먼 앱 Education Section
- 수상 내역은 여기에

"우리 애가 받은 상은 몇 개나 쓸 수 있어요?"

이 또한 참 많이 받는 질문 중 하나인데요, 커먼 앱의 Education 섹션이 어떻게 구성되어 있는지 보시면 바로 답이 나옵니다. 학교 정보부터 성적, 수강했던 코스들, 그리고 12학년에 수강할 코스들까지 모두 적게 되어 있는데, 그중 가장 신경 써서 적어야 할 부분은 Honors(수상) 부분입니다. Education 섹션은 어떻게 작성하면 되는지, 그리고 왜 Honors 부분을 신경 써 작성해야 하는지 하나하나 살펴보면서 말씀드릴게요.

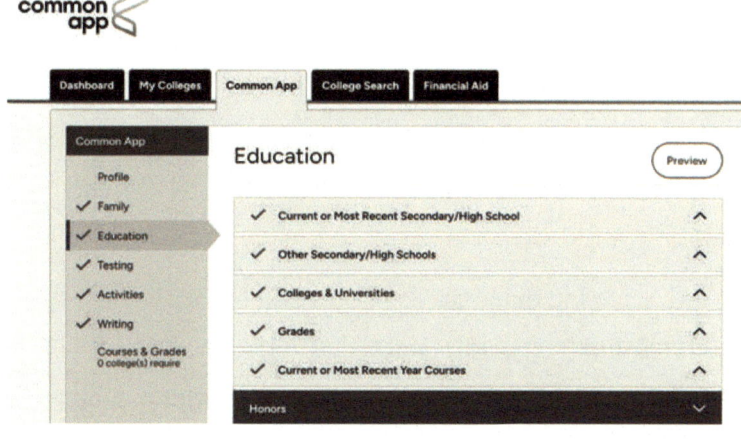

출처: https://www.commonapp.org/

Honors: 수상 이력

아마도 Education Section에서 가장 신경 써서 적어야 하는 정보가 아닐까 싶은데요, 이 부분은 학생이 고등학교 재학 중에 수상한 상이나 특별한 성과를 기재하는 곳입니다. 이 섹션은 대학에 지원자의 성취도와 학업적 열정을 보여줄 수 있는 매우 좋은 기회이기 때문에 좀 전략적으로 적을 필요가 있죠.

우리 아이가 수상한 내역을 Honors와 Activities로 적절히 구분한 후, 알맞은 곳에 배분하여 작성하는 것이 중요한데요, 예를 들어, 리서치와 관련된 활동을 수상 내역에 포함시키는 게 좋을지, 좀 더 자세히 쓸 수 있는 액티비티에 포함시키는 게 좋을지 학생의 전공과 내용에 따라 전략적으로 고민할 필요가 있겠죠.

Honors에는 총 5개의 수상 이력을 적을 수 있고, 몇 학년에 받은 상인지 Level of Recognition이 어떻게 되는지(School/ State & Regional/ National/ International) 등을 표기할 수 있습니다. 그리고 Description 란이 있어서 수상의 의미나 이유를 간단히 설명할 수 있습니다. 이 부분은 선택 사항이지만, 수상의 내용과 중요성을 강조하는 중요한 란이므로 무조건 키워드 위주로 간결하게 잘 적어야 합니다. 예를 들어 학교에서 NHS 상을 받았다면 "Recognized for leadership and academic excellence in the National Honor Society"와 같이 작성하면 되겠죠.

또한, 일반적으로 International 상이 가장 큰 의미를 지닌다고 생각할 수 있지만, 학교에서 받은 상도 매우 중요합니다. 이는 학교생활에서 나를 가장 가까이 지켜보고 나를 잘 아는 교과 선생님께 인정받았다는 의미로도 해석

될 수 있기 때문에 학교 수상이 있다면 꼭 기재하는 것이 좋습니다.

마지막으로, 상금을 받은 상이 있다면 금액과 관계없이 수상 내역에 포함시키는 것을 권합니다. 적은 상금이라도 상금이 걸린 상은 경쟁이 치열하고 공정한 심사를 거쳐 수상자를 선정하게 된다는 걸 입학사정관도 인지하고 있기 때문이죠.

📌 **Gio's Tip**

나를 뒷받침해 줄 강력한 추천서
(+선생님과 친해져야 하는 이유)

미국 대학 입시를 위해 선생님이랑 친해져야 한다고요? 그냥 좋은 GPA에 활동이랑 에세이만 잘 쓰면 되는 거 아닌가요?

절대 아닙니다! 앞에서 말씀드렸듯이, 미국 대학 입시는 학생을 전체적으로 평가하는 과정을 중요시해요. 이를 Holistic Review라고도 하죠. 단순히 A를 몇 개 받았는지, 활동에서 회장을 몇 번 맡았는지 같은 스펙도 중요하지만, 이 모든 경험들이 어떻게 나의 인격을 형성했는지, 그리고 주변 사람들과 지역사회에 어떤 긍정적인 영향을 미쳤는지가 더 중요한 포인트입니다.

결국, 입학사정관들은 "이 학생이 어떤 사람인지"를 알고 싶어 하고, 이를 가장 잘 전달해줄 수 있는 사람은 바로 학교에서 매일 학생을 지켜본 선생님이에요. 그래서 미국 대학들은 선생님의 추천서를 매우 신뢰합니다.

만약 선생님이 추천서에 부정적인 내용을 쓴다면, 아무리 뛰어난 학생이라도 입학에서 탈락할 수 있어요. 실제로 그런 사례도 저희 학교에서 있었습니다. 특히 우리는 선생님이 작성한 추천서를 볼 수 없기 때문에, 더더욱 "이 학생은 꼭 너희 학교에 필요하다"고 적극적으로 어필해주는 추천서를 받아야 합니다.

그렇다면, 이런 강력한 추천서를 어떻게 받을 수 있을까요?

일찍 친해지기
대부분 12학년 가을에 원서를 제출하므로, 보통 11학년 선생님들께 추천서를 부탁해요. 하지만 11학년 2학기쯤에야 선생님과 친해지려 하면 이미 늦은 경우가 많아요. 이 시기에는 모두가 선생님과의 관계를 형성하려 하기 때문에 눈에 띄기 어려워요.

가장 좋은 방법은 11학년이 시작되자마자 관계를 형성하는 것이고, 가능하다면 고등학교 입학과 동시에 선생님과 친해지는 연습을 시작하는 것이에요.

9학년부터 시작하는 이유
- 9학년 선생님의 추천서는 필요 없지만, 이 시기에 선생님과 대화하고 관계를 형성하는 연습을 할 수 있어요.
- 같은 과목을 가르치는 다른 선생님들에게도 나에 대해 좋은 이미지를 전달할 기회가 될 수도 있어요.

10학년 선생님과도 친해지기
- 11학년 선생님 중 추천서를 받을 만한 분이 없다면, 10학년 선생님께 부탁할 수도 있어요.
- 저도 실제로 추천서 3개 이상이 필요했던 상황에서 10학년 화학 선생님

께 부탁했어요. 수업이 끝난 후에도 좋은 관계를 유지했기 때문에, 12학년 가을에 흔쾌히 추천서를 써 주셨어요.

문/이과 골고루 친해지기

미국에서는 문과를 Humanities, 이과를 STEM이라고 불러요. 내가 대학에서 STEM을 전공하든 Humanities를 전공하든, 두 분야의 선생님들과 골고루 친해지는 것이 중요해요.

원서를 낼 때가 되면 보통은
- 카운슬러 추천서 하나
- STEM 선생님 추천서 하나
- Humanities 선생님 추천서 하나

이렇게가 기본이에요. 앞에서 말했듯이, 내가 잘하고, 하고 싶은 학문도 중요하지만 대학에서 원하는 건 all rounded, 육각형 학생이에요. STEM 전공을 할 예정이어도 History, English, Philosophy 등 문과 선생님이랑 좋은 관계를 쌓는 게 매우 중요합니다.

소소한 얘기로 인간미를 보여주기

추천서에서 가장 중요한 점은 나의 인격이에요. 학문적인 성취만큼 중요한 건, 내가 어떤 사람인지를 보여주는 것이에요. 추천서에서 선생님이 나에 대해 이야기할 때, 나의 성격과 인간미를 강조하려면, 대화가 단순히 수업 내용을 넘어서 개인적인 이야기로 확장되어야 해요. "선생님, 주말은 어떻게 보내셨어요?", "모자가 잘 어울리세요", "수업 시간에 읽은 그 책 정말 좋았어요. 선생님, 비슷한 책 추천해주실 수 있나요?" — 이런 대화들은 큰 의미를 담고 있지 않더라도 선생님과 자연스럽고 친근한 관계를 형성할 수 있게 합니다.

"지난번에 추천해주신 책 정말 좋았어요! 덕분에 비슷한 책을 몇 권 읽었는데, 그중에서도…"처럼, 이전 대화를 기억하고 이어 나가는 것이 중요해요.

📌 **Gio's Tip**

성공하는
대학 인터뷰 준비하기

많은 대학들이 인터뷰를 필수로 요구하지는 않습니다. 하지만 Top10 같은 명문대를 목표로 한다면 인터뷰 준비는 꼭 필요합니다. 모든 학교가 미리 선별해서 인터뷰 기회를 주는 건 아닙니다. 보통 졸업생이 자원봉사 형태로 진행하는데, 근처에 졸업생이 있거나 그분이 시간이 될 때 스케줄이 잡히는 경우가 많습니다. 따라서 인터뷰를 못 받았다고 해서 무조건 불합격한 건 아니니 걱정하지 않으셔도 돼요.

인터뷰를 받았다면, 내가 학교와 잘 맞는다는 점을 보여주는 게 중요합니다. 졸업생과의 대화인 만큼, 인터뷰 자체가 합격을 결정짓는 요소는 아니지만, 매우 잘하거나 못하면 영향이 클 수 있습니다. 특히, 원서가 애매하거나 평범하다고 느껴진다면, 인터뷰는 이를 크게 보완하고 돋보이게 할 수 있는 절호의 기회입니다.

대화 주제를 잘 고르기(사전 조사는 필수!)
인터뷰는 입학사정관이 아니라 졸업생과 대화하는 자리입니다. 상대는 갓 졸업한 20대일 수도 있고, 70년대에 졸업 후 오랜 경력을 쌓고 은퇴하신 분일 수도 있어요. 인터뷰 일정이 잡히면 그분의 이메일 정보가 오는데, 이때 꼭 링크드인에서 배경을 조사하세요. 그분의 대학, 전공, 이후 경력 등을 미리 파악해 대화 주제를 준비하는 게 중요합니다. 상대에 맞춘 질문을 하면 더 좋은 인상을 남길 수 있습니다.

인터뷰 상대가 졸업생이고 특히 오래전에 졸업하셨다면, 학교의 수업이나 현재 프로그램 같은 걸 묻기보다는 그 학교가 그분의 인생에 어떤 영향을 미쳤는지 여쭤보는 게 좋습니다. 예를 들어, 학교에서 어떤 활동이 가장 인상 깊었는지, 그리고 그것이 나중에 어떻게 도움이 되었는지 같은 질문을 하면 더 의미 있는 대화를 나눌 수 있습니다.

무조건 나오는 질문과 질문들에 답하는 법

99% 확률로 첫 질문은 "Tell me about yourself"일 거예요. 이 질문은 대화의 판을 짜고 주도권을 잡을 기회니까 잘 활용해야 해요. 어떤 인터뷰어는 미리 레쥬메를 요청하기도 하고, 어떤 인터뷰어는 레쥬메보다는 사람 대 사람으로 대화하고 싶다고 할 수도 있어요. 하지만 어떤 경우든, 자기소개는 단순히 레쥬메를 읊는 게 아니라 내가 어떤 사람인지를 보여줘야 합니다.

예를 들어, "학교 로봇 클럽에서 회장을 맡았고, 매주 몇 시간씩 활동하며 이런 상을 받았다" 같은 식으로 활동을 나열하지 말고, 나의 스토리를 담아 말해보세요. "어릴 때부터 레고로 놀며 로봇에 관심이 생겼고, 환경 문제에도 관심이 많아서 쓰레기를 줍는 로봇을 만들고 있다. 다음 주에는 클럽 멤버들과 바다에서 실험을 해볼 예정이다"라고 하면 나의 열정과 개성이 더 잘 드러난답니다.

그리고 긴장해서 자기 이름조차 얘기하지 않고 시작하는 경우가 은근 많아요. 꼭 자기소개를 시작할 때 이름을 잊지 말고 언급하세요! 마지막으로, 완벽한 답변이 아니어도 괜찮아요. 인터뷰어들은 내가 어떻게 사고하고 대화하는지를 더 중요하게 본다는 점을 기억하세요.

내가 했던 활동들을 리뷰하고 정리하기
4년 동안 해온 모든 활동을 기억해서 얘기하는 건 쉽지 않을 수 있어요. 특히 최근에 한 활동이 아니라면 더욱 그렇죠. 활동들마다 기억에 남는 에피소드 1-2개를 미리 정리해두세요. 이런 준비는 인터뷰에서 훨씬 자연스럽게 얘기할 수 있도록 도와줄 거예요.

예를 들어:
"Soup Kitchen에서 봉사하며 어려운 사람들을 도와주는 법을 배웠어요"는 기본적이고 일반적인 표현이에요.

대신에 더 구체적으로:
"봉사 중 한 어르신이 무거운 음식을 들고 어려움을 겪는 걸 보고 도와드렸어요. 함께 걸으며 그분이 직장을 잃은 뒤 이곳 Soup Kitchen이 얼마나 큰 도움이 되었는지 얘기해 주셨죠. 그 순간 작은 친절도 큰 변화를 가져올 수 있다는 걸 배웠어요."라고 얘기하는 게 훨씬 좋겠죠.

리서치를 했다면 관련 내용도 꼭 리뷰하세요. 제가 한 인터뷰에서는 인터뷰어가 의사라 제 리서치 경험에 대해 테크니컬한 질문을 했어요. 작년 여름에 했던 연구라서 기억이 가물가물했지만, 사전에 연구 노트와 포스터를 복습

하고 갔던 덕에 질문에 잘 답할 수 있었어요. 특히 내가 한 활동의 결과나 의의를 정리해 두면 이런 질문에도 당황하지 않고 답변할 수 있을 거예요.

제일 중요한 건 나 자신을 보여주고 솔직하게 대답하는 거예요. 인터뷰에서 인터뷰어를 "설득"하려고 하기보다는, 내가 어떤 사람인지, 그리고 이 학교가 왜 나와 잘 맞는지를 진솔하게 이야기하는 데 집중하세요.

NPC로
학비 예측해보기

Net Price Calculator(NPC)는 미국의 많은 대학들이 제공하는 온라인 툴인데요, 대학의 실제 학비를 예측하는 데 도움을 주는 매우 유용한 툴입니다. 대학의 학비는 단순히 등록금만이 아니라, 기숙사비, 식비, 교재비, 학생 보험, 기타 생활비 등을 포함한 총비용을 고려해야 하므로, NPC를 활용하면 가정의 재정 상태와 학교의 장학금, 재정 지원 정책을 기반으로 실제로 예상되는 비용을 계산할 수 있습니다.

NPC는 각 대학의 공식 웹사이트에서 제공되며, 학생과 부모가 입력하는 정보에 따라 다양한 변수들이 반영되는데요, 일반적으로 입력해야 할 정보는 부모의 소득, 자산, 가족 구성원 수 등입니다. 이 정보는 장학금, 학비 지원, 대출 가능성 등을 계산하는 데 사용되며, 이를 통해 학생과 부모는 실제로 지불해야 할 금액을 예상할 수 있죠.

그럼 실제 NPC를 어떻게 쓰는지 한번 살펴볼까요?

먼저 구글에 "학교 이름+NPC"를 쳐 봅니다. 저는 Johns Hopkins를 쳐봤는데요, 아래와 같이 학교 공식 사이트의 링크가 보이면 클릭해서 들어가시면 이렇게 학교의 NPC 페이지로 연결됩니다.

출처: 존스 홉킨스 홈페이지 중 NPC 일부 발췌
(https://apply.jhu.edu/tuition-aid/estimate-your-college-costs/)

페이지에서 "Net Price Calculator"를 찾아 클릭하시고, "Get Started"를 누르시면 이제 본격적으로 데이터를 입력하는 칸들이 나옵니다. 좌측을 보면, 입력해야 하는 데이터들이 나오는데 부모 소득, 부모 자산, 가구 구성원, 학생의 부양가족 여부(결혼한 대학생도 있기에 이런 질문이 있습니다), 학생의 소득 및 자산에 대해 입력해야 합니다.

출처: 존스 홉킨스 홈페이지 중 NPC 일부 발췌
(https://apply.jhu.edu/tuition-aid/estimate-your-college-costs/)

데이터 입력은, 자산의 경우 현시점으로 입력하시면 되고 집 가액, 대출금 잔액, 현금 및 유가증권 가액 등을 묻습니다. 집 가액은 질로우나 레드핀 등을 참고하셔서 중간 값 정도를 넣으시면 되고요.

소득의 경우 세금 보고서상의 소득을 기준으로 넣으시면 됩니다. 기준 연도는 2025-2026년도라면 2023년도 세금 보고서를 기준으로 작성하시면 됩니다. 비즈니스가 있다면 비즈니스에 대한 정보도 묻습니다.

각 질문들에 대답을 하고 나면, 입력한 데이터를 바탕으로 본인만의 결과가 보이게 되는데요.

아래 존스 홉킨스 대학교 홈페이지에 예시로 나와있는 내용을 같이 살펴보면서 각 숫자가 무엇을 의미하는지 알아보도록 하겠습니다.

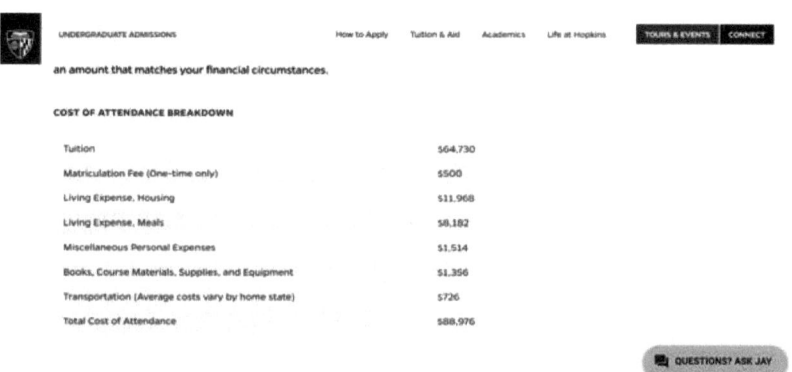

출처: 존스 홉킨스 홈페이지 중 NPC 일부 발췌
(https://apply.jhu.edu/tuition-aid/estimate-your-college-costs/)

Cost of Attendance Breakdown

각 라인의 내용을 보면 학비의 구성을 알 수 있습니다. 먼저 맨 마지막 줄의 Total Cost of Attendance($88,976)이 1년에 들어갈 걸로 예상되는 총 학비+생활비라고 생각하시면 됩니다.

이 비용은 크게 수업료(Tuition), 기숙사(Housing), 식비(Meals), 교재비(Books), 기타 생활비 등으로 구성되어 있는 거죠.

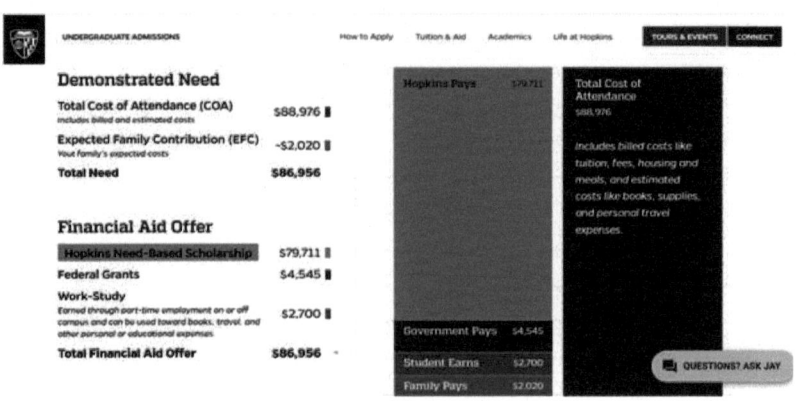

출처: 존스 홉킨스 홈페이지 중 NPC 일부 발췌
(https://apply.jhu.edu/tuition-aid/estimate-your-college-costs/)

위의 사진은 존스 홉킨스 대학교 홈페이지에 나와 있는 가상의 케이스로써 NPC 결과를 보여주는 예인데요, 어떤 의미인지 하나씩 차근차근 설명드릴게요.

Demonstration Need

- Total Cost of Attendance(COA. 1년 예상 총 비용) $88,976에서
- Expected Family Contribution(EFC. NPC 결과로 계산된 가정에서 부담해야 할 금액) $2,020을 빼면
- Total Need $86,956이 재정 지원이 필요한 금액으로 나옵니다.

Financial Aid Offer

- Total Need $86,956의 재정 지원을 위해
- Hopkins Need-base scholarship $79,711이 지원되고
- Federal Grants $4,545가 지원되며

· Work-Study $2,700으로 학비를 충당할 수 있다고 나오네요.

Need-base Scholarship은 사립의 경우 CSS Profile을 작성해서 신청해야 하며, 론과 달리 갚지 않아도 되는 금액입니다. Federal Grants는 FAFSA 신청 시 소득에 따라 Federal Grants 금액이 확정되고, 역시 갚지 않아도 되는 금액입니다. Work-Study는 Federal Grants를 받는 학생들을 우선 대상으로 학교에서 파트타임으로 일하게 하고 급여를 주는 근로 장학금의 형태이고요.

사실, 이렇게까지 EFC가 낮게 나오는 경우는 거의 없긴 하지만 일반적으로 탑 사립들은 재정이 좋기 때문에 아무래도 Need-base scholarship이 많습니다.

그리고 학교마다 NPC에 반영하는 자산에는 차이가 있습니다.
어떤 학교는 살고 있는 집 한 채는 부채와 상관없이 반영하지 않는 학교도 있고, 어떤 학교는 살고 있는 집 한 채라도 부채를 고려한 순 자산가액을 반영하는 학교도 있습니다. 그리고 일반적으로 부모의 현금 및 유가증권은 전체 가액의 5% 정도 반영되지만, 학생의 현금 및 유가증권 반영 비율은 20%~50% 정도로 학교마다 다릅니다.

연간 10만 불에 육박하는 사립 대학 학비. 학교별로 NPC를 비교해 보시면 본인의 재정 상황에 맞게 학비를 계획하고 학교를 선택하실 수 있으니 꼭 비교해 보시고 잘 활용해 보시기 바랍니다.

재정 지원서
– FAFSA / CSS Profile
/ IDOC

FAFSA, CSS Profile, 그리고 IDOC는 미국 대학 입학 과정에서 학생의 재정 지원 자격을 평가하는 중요한 도구들이며, 재정 지원을 고려하고 있는 학생들이라면 반드시 제출해야 하는 것들입니다.

아래 FAFSA, CSS Profile, IDOC가 무엇인지 간략하게 정리해 봤습니다.

International Students라면 FAFSA와 CSS Profile, IDOC를 어떻게 해야 하는지에 대한 질문도 많아서 그 부분도 알려드리니 참고해 보세요.

FAFSA(Free Application for Federal Student Aid):
FAFSA는 미국 시민과 자격이 있는 비시민(영주권자 등)이 연방 정부의 재정 지원을 받기 위해 제출하는 신청서인데요, 이 양식은 연방 정부에서 제공하는 보조금, 근로 장학금, 대출 등 다양한 재정 지원을 받기 위한 기초가 됩니다.

FAFSA는 대학 지원 시뿐만 아니라 대학생이 되어도 매년 제출해야 하며, 해당 연도의 10월부터 신청할 수 있습니다. 부모님과 학생의 소득 및 자산 정보 등 자세한 재정 정보를 요구합니다. 한 번에 최대 10개의 학교에 제출할 수 있고, 만약 지원하는 학교가 10개를 초과하면, 한 학교의 코드를 삭제하고 다른 학교를 넣는 방식으로 추가 지원할 수 있습니다.

FAFSA에서 제출할 수 있는 학교 코드는 각 대학마다 부여된 고유의 숫자 코드를 말하며, 각 대학의 FAFSA 제출 페이지에서 확인할 수 있고, 구글에서도 확인이 가능합니다. 비슷한 이름의 학교가 있을 수 있으니 꼭 학교 코드를 학교의 주소와 매치해서 정확히 확인하시기 바랍니다.

CSS Profile(College Scholarship Service Profile):
CSS Profile은 여러 사립 대학들이 연방 지원 외의 자체 장학금이나 보조금을 수여하기 위해 사용하는 양식으로 College Board에서 신청할 수 있습니다. FAFSA보다 더 많은 재정 정보(예: 집 소유, 가족 소득 외의 자산 등)를 요구할 수 있습니다.

출처: College Board 홈 페이지 중 일부 발췌 (https://cssprofile.collegeboard.org/)

제출 시 학교당 $16의 수수료가 발생하지만, 일부 학생들은 수수료 면제를 받을 수 있습니다. 각 대학의 마감일이 다르므로, 지원하는 학교의 일정에 맞춰 준비해야 하며, 제출 후에도 학교를 추가하여 제출할 수 있습니다. CSS Profile을 작성해서 제출한 후 수정 사항이 생기면 한 번만 수정이 가능하고, 어떤 사항을 수정했는지도 학교에 통보되니, 제출 전 꼼꼼한 확인은 필수입니다.

IDOC(Institutional Documentation Service):

IDOC는 대학들이 학생의 재정 서류를 수집하고 확인할 수 있도록 College Board에서 제공하는 서비스입니다. 학생이 IDOC에 한 번만 서류를 올리면, 대학들이 알아서 필요한 서류를 다운로드 해가는 방식인데요, 기본적으로 세금보고서, W-2, Form 1099 등을 업로드해야 하며, 특정 대학이 추가적으로 특정 서류를 요구하는 경우에도 이를 IDOC을 통해 제출할 수 있습니다. 지원자가 몰리는 시기에는 서류 업로드와 다운로드에 시간이 걸리니, 서류가 준비되는 대로 시간 여유를 갖고 업로드하시기를 추천합니다.

IDOC을 통해 제출된 서류는 해당 대학들이 다운로드해갔는지를 직접 확인할 수 있어, 서류 제출을 보다 효율적으로 처리할 수 있습니다.

Processed Documents				
Documents - Processed	Owner	Step 2: Processed	Step 3: Data Available	Status
2022 Form 1099	Custodial Parent	12/13/2023	12/20/2023	Received
2022 IRS Form 1040	Father	10/31/2023	11/01/2023	Received
2022 W-2 Form	Father	10/31/2023	11/01/2023	Received
2022 Form 1099	Father	12/13/2023	12/14/2023	Received
2022 Form 1099	Father	12/13/2023	12/14/2023	Received
State Tax Document	Father	10/31/2023	11/01/2023	Received
Schedule C	Father	10/31/2023	11/01/2023	Received
Schedule C	Father	10/31/2023	11/01/2023	Received
Schedule D	Father	10/31/2023	11/01/2023	Received
Schedule E	Father	10/31/2023	11/01/2023	Received
Schedule 1	Father	10/31/2023	11/01/2023	Received
Schedule 3	Father	10/31/2023	11/01/2023	Received
Form 4562	Father	10/31/2023	11/01/2023	Received

출처: College Board 홈페이지 내 CSS Profile IDOC (https://cssprofile.collegeboard.org/idoc)

참고로, IDOC에 사인된 세금 보고 서류를 PDF 파일로 통째로 올리면 위의 사진처럼 자동으로 각 파트별로 쪼개서 업로드가 되니, 하나하나 쪼개서 올리지 않으셔도 됩니다.

International Students인 경우

미국에서 학생비자(F-1 비자 등)로 재학 중인 고등학생이나 대학생은 FAFSA를 제출할 수 없습니다. FAFSA는 주로 미국 시민권자, 영주권자 및 특정 비시민권자(예: 난민, 일부 비이민자 등)를 대상으로 하며, 학생비자 소지자는 해당하지 않습니다. 학생비자 소지자는 연방 정부의 재정 지원을 받을 자격이 안 되기 때문입니다.

하지만, 국제 학생들이 재정 지원을 받기 위해서는 다른 방법을 활용할 수 있는데요, 많은 대학들이 국제 학생을 위한 CSS Profile을 요구하며, 일부 대학은 자체적으로 제공하는 장학금이나 재정 지원 프로그램을 운영하기도 합니다. 이 경우, 해당 대학이 요구하는 추가 서류나 재정 정보를 제출해야 합니다.

Part 9.
대학 결정

ED 후 Reject 혹은 Defer를 받았다면?

Early Decision(ED)은 ED 1과 ED 2 두 가지가 있습니다. 대부분의 대학이 ED 1 전형을 제공하지만, ED 2를 운영하는 학교는 상대적으로 적은 편입니다. 하지만 바로 이 점 때문에, ED 1에서 Deferred(보류)나 Rejected(거절)된 경우, ED 2를 전략적으로 고려하는 것이 매우 유리할 수 있습니다.

ED 2는 ED 1처럼 합격 시 등록이 의무적인 binding 조건이 있지만, ED 1에 비해 경쟁률이 낮은 편입니다. 이는 ED 2를 제공하는 대학 자체가 ED 1에 비해 적기도 하지만, 많은 지원자가 이미 ED 1을 통해 빠져나갔기 때문입니다. 따라서 ED 2에서는 지원자 풀이 줄어들어 합격 가능성이 상대적으로 높아집니다. 특히 목표 대학 리스트에 ED 2를 제공하는 학교가 있다면, 이 기회를 활용해 입학 가능성을 높이는 것이 좋은 전략이 될 수 있습니다.

다만, ED 1의 보류는 가끔 복잡한 상황을 만들기도 합니다.
만약, 학생이 ED 1 대학에서 보류를 받은 상태에서 ED 2로 대학에 합격하고, 추후 ED 1 대학에서 합격 통지를 받았다면
 · 보류는 ED 1 대학이 학생을 자동으로 정규 지원(Regular Decision. RD) 풀의 후보로 옮겼다는 의미입니다. 따라서, 이 상태에서 ED 1 계약은 더

이상 유효하지 않습니다.
- ED 1 학교의 보류가 추후 합격으로 바뀌더라도 이는 RD 풀에서의 합격을 의미하므로, ED 2에 합격하면 학생은 ED 2 대학에 등록해야 할 의무가 생깁니다.

따라서 ED 2에 지원하기 전에 ED 1의 보류 상태를 신중히 고려할 필요가 있습니다. ED 1이 여전히 최우선이라면 ED 2를 고려하는 학교에 ED 2 대신 정규 지원(RD)을 고려하는 것이 나을 수 있습니다.

Waitlist(대기자 명단) 대처 방법

웨잇리스트(Waitlist)에 오른다는 것은 아쉬운 소식이긴 하지만, 여전히 합격 가능성이 열려 있는 상태입니다. 이때 중요한 것은 대학 측에 본인의 지속적인 관심과 입학 의지를 효과적으로 전달하는 것입니다. 이 과정을 돕기 위해 작성하는 것이 바로 LOCI(Letter of Continued Interest)인데요, LOCI는 단순한 서류가 아니라, 자신이 왜 이 대학에 어울리는 학생인지 다시 한번 설득할 기회입니다.

LOCI를 작성할 때는 간결하게 1페이지 정도로 작성하는 게 좋으며, "I sincerely appreciate the opportunity to remain on the waitlist for [College Name]. Thank you for considering my application."과 같은 감사 인사로 시작하는 게 좋습니다. 만약 해당 학교가 본인이 고려하고 있는 최우선 학교라면 이 학교가 왜 꼭 가고 싶은지 반드시 구체적으로 어필해야 합니다. 웨잇리스트에 오른 이후 본인이 새롭게 이룬 학업적 성과, 리더십, 기타 개인적 성과들에 대해서도 학교 측에 업데이트를 해주는 것이 좋습니다. 그리고 추가 자료가 필요한 경우 제공 의사가 있음을 밝히시고, 감사 인사로 마무리하면 되겠습니다.

재정 지원
– 어필 레터 작성법

Financial aid appeal letters(재정 지원 어필 레터)는 Need-base Scholarship 대상의 학생이 FAFSA나 CSS Profile을 제출한 후, 가족의 경제적 상황이 변했거나 예기치 못한 어려움이 생긴 경우에 작성할 수 있습니다. 예를 들어, 가족의 소득이 급격히 줄어들었거나 갑작스러운 큰 의료비가 발생한 경우 이를 설명하고, 학교에 추가적인 재정 지원이 가능한지를 요청하며 추가적인 재정 지원 없이 학교에 다니기가 어려움을 어필하는 것이죠.

또한, 이 어필 레터는 다른 대학에서 받은 재정 지원 패키지를 바탕으로 자신이 가장 가고 싶은 학교에 추가 지원을 요청할 때도 쓰입니다. 만약 학생이 재정 지원 대상자로 여러 대학에 합격했다면, 학교 랭킹이 비슷한 타 대학에서 받은 더 나은 재정 지원 내역을 첨부하고, 자신이 선택한 학교에서 같은 수준의 지원을 받을 수 있는지 요청하는 것이죠.

어필 레터는 한 페이지 정도로 간결하고 예의 있게 작성하는 것이 중요하며, 추가 지원을 요청하는 데 있어 과도한 요구가 아니라 합리적인 요청임을 명확히 하고, 증빙을 첨부하면 됩니다. 각 대학의 규정이나 절차에 따라 어필 방법이 다를 수 있으므로, 사전에 학교의 지침을 확인하는 것도 잊지 마시고요.

Admitted Student Day
- 시간과 여력이 된다면 꼭 가보자!

많은 대학들은 합격생을 대상으로 예비 학생들을 유치하기 위해 5/1일 National Decision Day 이전에 Admitted Student Day라는 특별 이벤트를 개최합니다. 학교마다 이름은 다 다르지만, 기본적으로 이 행사는 예비 학생과 그 가족들이 학교를 방문하여 학교의 프로그램, 캠퍼스 라이프, 기숙사 및 편의시설 등을 탐방하며 학교를 경험할 수 있는 기회를 제공합니다. 이런 행사는 학교마다 다를 수 있지만, 대부분의 탑 사립 대학은 Need-based Scholarship를 받는 학생들에게 방문 경비를 지원하기도 하므로, 재정적인 부담을 덜고 학교를 방문할 수 있는 좋은 기회가 되기도 합니다.

Admitted Student Day에 참여하는 것은 여러 가지 이유로 매우 중요한데요, 학교의 실제 분위기와 환경을 직접 경험할 수 있기 때문에, 캠퍼스가 자신에게 잘 맞는지 판단할 수 있습니다. 그리고, 학업적 관심 분야와 관련된 교수나 동료 학생들을 만나볼 수 있는 기회가 되어, 학교에서의 학업 생활에 대한 실제적인 정보를 얻을 수 있습니다. 또한, 기숙사 및 시설을 실제로 보고, 학교가 제공하는 다양한 학생 지원 서비스와 기회를 경험함으로써 더 나은 결정을 내리는 데 도움이 됩니다. 이런 기회를 적극적으로 활용하여 학교가 나와 잘 맞는지 확인한 후, 신중하게 최종 결정을 내리기를 권합니다.

학교 결정 후
Move-in Day까지 준비해야 할 것들

학교가 최종 결정되었다면 몇 가지 중요한 절차가 남아 있습니다. 학교에 따라 다소 차이가 있을 수 있지만, 일반적으로 아래 내용들에 대한 준비가 필요합니다.

등록 및 입학 서류 제출

대부분의 대학에서는 등록 절차를 완료한 후, 입학 서류를 제출해야 합니다. 이에는 신입생 등록 양식, 건강 기록, 성적 증명서, 영어 능력 시험 성적(유학생 등 성적 제출이 필요한 경우) 등이 포함될 수 있습니다. 일부 대학에서는 임시 학생 ID를 제공하고, 이를 통해 학교 시스템에 접근할 수 있는 경우도 있습니다.

Placement Test: English & Math

각 대학에는 기본적으로, 학생들이 자신에게 적합한 수준의 수업을 수강할 수 있도록 하는 Placement Test를 사전에 진행합니다. 하지만 많은 대학에서는 AP시험 성적을 활용하여(보통 4점 이상) Placement Test를 면제해주는 제도를 운영하기도 합니다. Placement Test 면제 여부와 AP 학점 인정 여부는 대학마다 다르니 꼭 학교 측에 확인해 보시기 바랍니다.

재정 지원 관련 서류 제출

이미 재정 지원을 신청한 경우, Financial Aid 서류를 정확하게 제출하고, 필요한 경우 재정 지원 패키지에 대해 학교 측과 연락을 취해야 합니다. 추가 서류나 지원 요청이 있을 수 있습니다.

건강 보험 등록 및 예방 접종

대부분의 대학에서는 학생들이 건강 보험에 가입하거나, 학교에서 제공하는 보험에 가입해야 합니다. 미국에서는 만 26세 미만의 full time student의 경우 부모의 의료보험에 부양가족으로 등재될 수 있습니다. 부모가 가지고 있는 의료보험이 지역적으로나 플랜상으로 학교가 요구하는 의료보험을 커버한다면, 학교 의료 보험을 따로 들 필요가 없으며, 이를 위해 학교에 Waiver form을 제출하면 됩니다.

그리고, 입학 전에 요구되는 예방 접종 기록을 제출해야 할 수도 있고, 의사의 annual checkup report를 요구하는 경우도 있으니, 학교 측에 확인해 챙기시면 됩니다.

수업 등록

첫 학기의 수업을 등록하는 과정은 사전에 온라인으로 진행되는데요, 참고로 수업 등록은 클릭 전쟁입니다. 사전에 카운슬러와의 상담을 통해 미리 어떤 수업이 필수 과목인지, 어떤 수업을 듣고 싶은지 리스트 업하는 게 필요합니다.

기숙사 신청

대학 기숙사는 1인실, 2인실, 3인실 등의 다양한 형태로 제공되며, 학생들에게는 선호도와 예산에 따라 선택할 수 있도록 미리 가격 정보와 옵션이 안내됩니다. 기숙사 배정을 위해 학교는 학생들에게 사전 설문을 통해 생활 습관과 선호 사항을 조사합니다. 설문 내용에는 주로 취침 시간, 조용한 환경에 대한 선호도, 룸메이트의 친구 방문 허용 여부, 기숙사 내 음식물 섭취 허용 여부 등의 세부적인 질문이 포함됩니다. 학교는 이러한 정보를 바탕으로 학생들에게 가능한 한 잘 맞는 룸메이트를 배정하려고 노력합니다.

Move-in 및 생활 용품 준비

학교의 기숙사 배정이 완료되면, Move-in Day와 관련된 정보를 확인하고 필요한 물품을 준비해야 합니다. 보통 학교에서 어떤 방식으로 Move-in이 진행될지 사전에 알려줍니다. 많은 학생들이 한 번에 몰리는 걸 방지하기 위해 사전에 시간 예약 시스템을 운영하기도 하고요. 또한 반입 가능한 물품과 불가능한 물품 리스트를 알려주니 이에 따라 맞춰서 준비하면 됩니다.

Move-in Day 이전에 기숙사가 배정되고, 물품을 수령할 주소가 정확히 나오니 빠진 물품은 아마존 등으로 오더 가능합니다. 단, 학기 초에는 아무래도 주문이 몰려 배송이 원활하지 않을 수 있습니다. 만약, 타겟 같은 대형 마트에서 물품을 현지 구매하길 원하신다면, 온라인으로 주문하시고 현지에서 당일 픽업하는 걸 추천 드리고요. (당일은 학생이 한꺼번에 몰리다 보니, 현지 매대에 품절된 물품이 종종 있습니다)

오리엔테이션

Move-in 이후 학교는 학생들을 대상으로 오리엔테이션 프로그램을 진행하여 학과, 수업, 캠퍼스 생활 등에 대한 유용한 정보를 제공합니다. 오리엔테이션에서는 학과 교수님들을 직접 만나볼 기회가 주어지며, 수업 선택에 도움이 되는 다양한 조언도 얻을 수 있습니다.